하룻밤에 정리하는
한국사회의 14가지 쟁점
뚝딱
교양
상식
오승현 지음

다선
에듀

하루에도 수없이 많은 사건들이 일어난다. 매일의 사건들이 모여 한 주의 사건들을 이루고, 한 주의 사건들이 모여 한 달의 사건들을 이룬다. 그 가운데 어떤 사건은 사람들의 관심을 받지만, 대부분의 사건은 그렇지 못한다. 관심 여부의 기준은 단연 미디어다. 미디어의 시선에 포착되면 대중에게 관심을 받지만, 미디어의 시선 바깥으로 벗어나면 대중의 관심도 받지 못할 뿐더러 금세 망각의 물결에 떠내려가고 만다.

미디어가 전해 주는 정보를 객관적이라고 생각하기 쉽다. 그러나 미디어는 언제나 특정한 입장을 반영한다. 그런 의미에서 미디어의 '시선'은 주관적이다. 어떤 사건을 선택하고 배제할 것인가부터가 주관적일 수밖에 없다. 미디어의 시선에 포착된 사건들은, 미디어에 의해 선택되었다는 점에서, 이미 일정한 의미를 부여받았다고 볼 수 있다. 미디어에 의해 편집, 가공을 거치기 전부터 '사건'은 특정한 맥락 속에서 의미화되는 것이다. 따라서 매스미디어 사회에서 미디어가 제공하는 사건 이전의 날것 그대로의 사건을 만나기란 거의 불가능에 가깝다.

날것 그대로의 사건을 만나는 게 어렵다면, 결국 우리가 할 수 있는 일은 여러 미디어의 다양한 견해를 참고해 '진실'에 한 발짝 다가가는 것이다. 어떤 미디어가 됐든 그 미디어의 시선이 놓치는 사각(死角)이 존재하기 마련이다. 그건 보수적인 미디어든 진보적인 미디어든 다 마찬가지다. 진실은 사각과 사각이 겹치는 어딘가에 존재할지 모른다. 이 책에 실린 글들은 '시선'과 '사각'을 염두에 두고 쓰였다. 미디어의 시선과 사각 너머에 존재하는 진실에 가닿기 위해서 말이다. 어떤 사안에 대해서는 그렇지 못할 때도 있었지만, 되도록 하나의 사안을 둘러싼 양쪽 시선, 여러 시선을 두루 담으려고 애썼다. 그래서 사건의 안쪽과 바깥쪽을 입체적으로 다루려고 했다.

이 책에서 다룬 일부 사건들은 과거 완료형으로 끝났다고 말할 수 있지만, 어떤 사건들은 현재 진행형으로 살아있다. 신문의 한 귀퉁이에 실렸던 완료형의 사건들에는, 패지(敗紙)로 버려지는 신문의 운명처럼, 용도 폐기의 길만이 남아 있을까? 그렇지 않다. 세상 모든 일이 그렇듯이 시사 역시 반복된다. 시사(時事)란 한자 뜻 그대로 특정한 시기(時期)에 일어난 여러 사건(事件)이다. 특정한 시기에 발생한 사건이 다른 시간대에 똑같이 일어나지는 않더라도, 비슷한 사건은 다시 일어나기 마련이다. 또한 전혀 다른 문제처럼 보이는 사건들조차도 그것들을 둘러싼 사회, 역사적인 맥락이 맞닿아 있는 경우가 자주 있다. 그런 의미에서 과거 완료형이건 현재 진행형이건 시사 문제는 곱씹어 볼 필요가 있는 것이다.

이 책에 담긴 글들은 지난 2년 동안 《고교 독서평설》에 실린 원고들을 추린 것이다. 그 달에 일어난 사건들 가운데 가장 중요하다 싶은 사건을 선정해 '이달의 포커스'라는 이름으로 세상에 내놓았다. 대개 사회적으로 큰 파장을 일으킨 사건을 골랐고, 그런 사건이 없을 때는 시사점을 던져 주는 사건을 골랐다. 애초에 고등학생을 염두에 두고 썼지만, 시사 문제에 관심 있는 일반인이 읽어도 무방하다. 아무쪼록 이 책이 시사 문제에 접근하는 하나의 나침반이 되기를 바란다.

이 자리를 빌려 원고를 실어준 《고교 독서평설》 측과 부족한 원고를 책으로 엮어준 다산에듀에 감사드린다. 마지막으로 내 옆을 묵묵히 지켜 주는 아내에게 '사랑한다'는 말을 전한다.

목차

교양
상식

1
－

논쟁으로 보는
사회

먹으면 죽는다?

미국산 쇠고기 수입 파장

시간은 2003년으로 거슬러 올라간다. 그해 12월 워싱턴 주에서 광우병에 걸린 소가 발견되자, 우리나라는 즉각 미국산 쇠고기 수입을 전면 금지했다. 이로부터 2년 10개월 뒤인 2006년 9월, 30개월 미만 소의 살코기 수입이 재개됐다. 그러다 2007년 5월 동물 검역에 관한 국제 기준을 수립하는 국제 수역사무국(OIE)[1]이 미국·캐나다를 광우병 위험 통제국으로 판정하면서 쇠고기 협상은 다시 시작됐다. 2007년 10월 쇠고기의 수입 조건을 개정하는 1차 협상이 합의에 이르지 못해 결렬됐고, 반 년 뒤인 2008년 4월 18일 협상이 타결되면서 5월 28일 장관 고시(告示)를 통해 미국산 쇠고기 수입 위생 개정안이 발표됐다. 성난 민심은 촛불을 들었고, 수많은 집회가 열리면서 촛불은 어느새 용광로가 됐다. 이번 시간에는 한국과 미국의 쇠고기 협상의 쟁점을 살펴보고, 그 문제점이 무엇인지 알아보자.

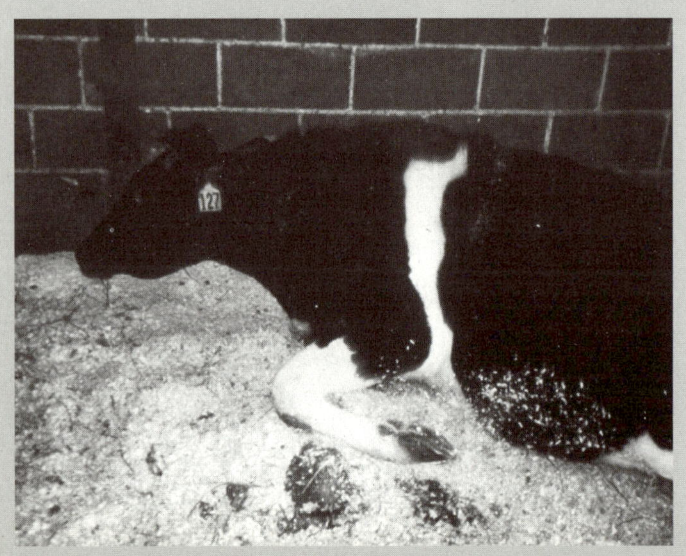

광우병 쇠고기,
무엇이 문제인가

먹고사는[2] 문제는 우리 삶의 앞자리를 차지한다. 당연히 정치는 먹고사는 문제를 중요하게 다룰 수밖에 없다. 그러나 먹고사는 문제가 삶의 전부일 수는 없다. 따라서 정치는 먹고사는 문제로만 귀결될 수 없다. 2007년 대선은 먹고사는 문제들로만 가득했다. 먹고사는 문제가 삶의 앞자리를 차지하지만 삶의 전부라고 생각하지 않는 사람들은, 그래서 지난 대선이 불편했다.

그런데 국민의 먹고사는 문제를 책임지겠다던 대통령이 먹고 사는[3] 것에 대한 불안감을 조성하고 나섰다. 작년에 벌어진 쇠고기 논란은 먹느냐 마느냐의 차원을 넘어, 사느냐 죽느냐의 차원으로 튀어오른 느낌이었다. 음식을 먹는 일이 공포가 돼 버린 것이다. 과연 그

---

1 국제수역사무국(Office International des Epizooties) : 동물 검역에 관한 국제 기준을 수립하는 국제기관. 가축의 질병과 그 예방에 대해 연구하고 국제적 위생규칙에 대한 정보를 회원국에게 보급하기 위해 설립된 단체
2 먹고살다 : '생계를 유지하다'의 의미
3 먹고 살다 : '먹으면서 살다'나 '먹어서 살다'의 의미

공포는 어디에서 비롯한 것이었을까? 정부의 주장대로 괴담에서 비롯했던 것일까, 아니면 타당한 근거에서 비롯했던 것일까? 이러한 쟁점을 살펴보기 전에, 광우병(BSE)과 인간 광우병(vCJD)이 무엇인지부터 알아보자.

광우병과 인간 광우병[4]

광우병은 초식 동물에게 동물성 사료, 곧 육골분(肉骨粉) 사료[5]를 먹임으로써 발생하게 됐다. 그 원인 물질인 프리온(Prion)은 단백질(Protein)과 비리온(Virion, 바이러스 입자)의 합성어로, '바이러스처럼 전염력을 가진 단백질 입자'라는 뜻이다. 질병성 단백질인 프리온에 의해 광우병에 걸린 소를 도축하고, 인간이 다시 이를 먹으면 프리온 단백질이 변형돼 인간 광우병을 일으킨다.

그동안 광우병에 걸린 소의 99%는 생후 30개월 이상이었다. 따라서 '30개월'이라는 기준은 매우 중요하다. 물론 광우병은 30개월 이하의 소에서도 나타났기 때문에 30개월 이하라고 전적으로 안전

---

4 광우병(狂牛病 : Mad Cow Disease)은 소에서 소로 전염되는 병이고, 광우병이 인간에게 전염될 경우 '변종 크로이츠펠트-야코브 병(Variant Creutzfeld-Jacob Disease)', 곧 '인간 광우병'이라 부른다. 광우병의 정식 명칭은 '소의 해면상 뇌장애(BSE, Bovine Spongiform Encephalopathy)'이며, 이 전염병에 걸린 소는 뇌세포에 구멍이 숭숭 뚫려 스펀지(해면)처럼 되기 때문에 중추 신경 계통이 마비돼 네 발로 서 있을 수 없게 된다.

5 동물 뼈를 갈아 만든 사료로 '동물성 사료'라고 불리기도 한다. 육골분 사료(동물성 사료)는 소 도축 과정의 부산물(뼈와 내장 등)과 소는 물론 개, 돼지, 고양이 등 다른 동물의 폐사체를 가공 처리해서 만든다.

한 것은 아니다. 다만 광우병을 일으키는 프리온이 집중돼 있는 '특정 위험 물질(SRM)'[6]을 제거하면 어느 정도 안전하다고 볼 수 있다. 대표적인 특정 위험 물질로는 두개골, 눈, 편도, 뇌, 척수(척주[7] 안에 들어 있는 신경관), 척주, 회장[8]을 들 수 있다. 제시된 7가지 외에도 혀, 내장, 비장, 장간막, 우족 등이 특정 위험 물질에 포함되기도 한다.

인간 광우병은 잠복 기간이 10~30년으로, 발병에서 사망까지는 1년 정도의 시간이 걸린다. 현재의 의료 기술로는 치료가 불가능하다. 곧 발병하면 무조건 사망한다고 보면 된다. 일단 단백질은 열에 약하기 때문에 가열하면 쉽게 변성이 일어나지만, 변형 프리온은 300℃ 이상의 고열에서도 쉽사리 파괴되지 않는다. 따라서 조리법만으로 인간 광우병을 예방하기는 어려우며, 최선의 예방법은 SRM이 들어 있는 부위를 아예 먹지 않는 것뿐이다.

---

6 SRM(Specified Risk Material)은 광우병을 일으키는 변형 프리온이 집중돼 있기 때문에 위험하다고 판단되는 부위를 가리킨다.
7 척추(등뼈)
8 소장(작은창자)의 일부분. 소장은 십이지장, 공장, 회장으로 이루어져 있다. 회장은 소장의 끝부분이고, 회장 중에서 맨 끝부분 2m를 회장 원위부라고 한다.

'한미 쇠고기 수입 협상' 타결 그 이후

<table>
<tbody>
<tr><td colspan="2">2008년</td></tr>
<tr><td>4월 11일</td><td>한미 쇠고기 협상 재개</td></tr>
<tr><td>4월 14일</td><td>고위급 협의 결과 자료 배포(한미 간 의견 차이를 좁히지 못했다고 설명)</td></tr>
<tr><td>4월 18일</td><td>한미 쇠고기 협상 타결</td></tr>
<tr><td>5월 2일</td><td>쇠고기 수입을 반대하는 대규모 촛불 집회(1만 5천여 명 참여)</td></tr>
<tr><td>5월 4일</td><td>다음(daum) '이명박 탄핵' 서명 인원 100만 명 돌파</td></tr>
<tr><td>5월 7일</td><td>미국산 쇠고기 수입 관련 국회 청문회</td></tr>
<tr><td>5월 8일</td><td>한승수 총리, 대국민 담화(광우병 발생 시 협정 개정 요구할 것)</td></tr>
<tr><td>5월 14일</td><td>'미국산 쇠고기 수입 위생 개정안'에 대한 장관 고시(告示)[9] 연기</td></tr>
<tr><td>5월 20일</td><td>한미 쇠고기 추가 합의 내용 발표</td></tr>
<tr><td>5월 22일</td><td>이명박 대통령, 대국민 담화</td></tr>
<tr><td>5월 29일</td><td>장관 고시 강행</td></tr>
<tr><td>6월 3일</td><td>장관 고시의 관보(官報) 게재 유보(고시 내용을 관보에 게재해야만, 개정안이 효력을 발휘할 수 있음)</td></tr>
<tr><td>6월 19일</td><td>이명박 대통령, 특별 기자 회견 "뼈저리게 반성"</td></tr>
<tr><td>6월 21일</td><td>쇠고기 추가 협상 결과 발표</td></tr>
<tr><td>6월 26일</td><td>한승수 총리, '쇠고기 파동' 대국민 담화</td></tr>
<tr><td>7월 7일</td><td>첫 개각, 농림수산식품부 장관 교체</td></tr>
</tbody>
</table>

---

9 장관 고시를 할 경우 법적 효력이 발생한다. 즉 수입이 즉각 재개되는 것이다.

2008년 6월 19일 이명박 대통령이 '쇠고기 파동'과 관련한 특별기자회견에서 고개 숙여 인사하고 있다. ⓒ연합뉴스

2008년 4월 18일, 쇠고기 협상이 타결됐다. 미국산 쇠고기에 대한 수입 조건이 달라지는 순간이었다. 협상은 4월 11일에 시작되었는데, 서로 간에 의견차를 좁히지 못했던 한국과 미국이 불과 4일 뒤에 극적으로 협상을 타결하게 된다. 그러나 중대한 사안을 짧은 시간에 처리한 것이 문제로 지적되면서, 여러 논란이 불거져 나왔다. 기간과 내용의 문제 때문에 일부에서는 졸속·부실 협상이라 비판하는 목소리도 매우 높았다. 졸속·부실 협상인지 아닌지에 대해서는 쟁점을 하나씩 검토해 보면서 여러분 스스로 판단해 보도록 하자.

쟁점은 크게 두 가지로 정리된다. 하나는 안전성의 문제이고 다른 하나는 협상 내용과 과정의 문제이다.

미국산 쇠고기
정말 안전한가?

광우병의 발생 위험은?

● 쟁점 ●

1986년 영국에서 광우병이 최초로 보고된 이후, 광우병에 걸린 소는 1992년에 3만 7000여 마리로 가장 많았다가 2007년에는 141마리, 2008년에는 20마리로 급격히 감소했다. 2008년에 발견된 20마리의 경우도 영국에서 10건, 아일랜드에서 9건, 캐나다에서 1건이 보고된 것이다. 당시까지 207명이 인간 광우병에 감염된 것으로 보고됐고, 그중 166명이 영국인이었다.

정부 측 입장 전 세계적으로 인간 광우병은 1999년 29명에서 2007년 1명으로 크게 줄었고 2008년에는 한 명도 발생하지 않았다. 지금까지 미국에서는 3건의 광우병이 보고됐지만, 1997년 사료 조치[10]를 시행한 이후에는 단 한 건도 발견되지 않았다. 게다가 미국에서 인간 광우병에 걸린 사람은 한 명도 없었다. 물론 미국인 3명이 인간 광우병에 걸린 것으로 판정된 적이 있지만, 이들은 광우병이 가장 심한 영국에서 6개월 이상 거주했거나 다른 나라에서 태어나 살다가 미국으로 건너온 사람들이었다. 결론적으로 미국에서 사육된 소를 먹고 인간 광우병에 걸린 사람은 단 한 명도 없었다.

 인간 광우병은 잠복기가 10년 이상, 길게는 수십 년에 이른다고 한다. 따라서 미국에서는 2003년에 광우병이 처음 나타난 만큼, 그 10년 뒤인 2013년 이후에야 인간 광우병에 대해 판단할 수 있다. 지금까지 환자가 없었으니 앞으로도 그럴 것이라고 말하기 어려운 이유다. 뿐더러, 인간 광우병 의심 환자는 부검을 통해 뇌를 직접 확인해야만 감염 여부를 판단할 수 있다. 그러나 지금까지 미국은 이러한 조치를 취하지 않았다. 미국에 인간 광우병 의심 환자는 상당수 존재한다.

게다가 미국은 전체 소의 0.05%~0.1%(2천~1천 마리에 1마리)에 대해서만 광우병 검사를 실시했다. 나머지 99.9%는 검사하지 않았다. 따라서 지금까지 단 3마리만 광우병에 걸렸다는 주장을 뒷받침하기에는 근거가 부족하다. 일본에서는 2001년부터 2007년까지 715만 9909마리의 소를 대상으로 광우병 검사를 실시한 결과 33마

---

10 스크래피(scrapie, 양이나 산양류 중추 신경에 감염되는 질환)에 걸린 면양이나 소해면상뇌증에 감염된 소 등의 육골분이 함유된 사료를 다시 소에게 먹임으로써 광우병이 감염되는 것으로 보고, 반추동물에게 반추동물의 사료를 먹이지 못하도록 한 조치다.
11 전체의 수효나 분량

리의 광우병 소를 찾아냈다. 일본은 광우병 연구소의 전수[11] 조사를 통해, 소 사육 두수가 22배나 많은 미국보다 더 많은 광우병 소를 보고했다. 전수 조사를 하지 않은 상황에서 미국의 상황이 일본보다 더 낫다고 말하기는 어렵다.

위험 물질은 안전하게 제거되는가?

OIE는 모든 연령에서 편도, 회장 원위부를, 30개월 이상에서는 뇌, 눈, 척수, 두개골, 척주를 SRM으로 규정하여 식용하지 말도록 권고하고 있다. 한미 간 쇠고기 협상에서는 모든 연령에서 편도와 회장 원위부를, 30개월 이상에서는 뇌, 눈, 척수, 두개골, 척주(척추)[12], 등배 신경절을 SRM으로 규정하여 수입을 금지했다. 척주의 경우에는 SRM 제외 부위로 꼬리뼈, 경추·흉추·요추의 횡돌기와 극돌기, 천추 정중 천골 능선과 날개를 규정했다.

<u>정부 측 입장</u>　OIE의 위생 기준에 따라 SRM을 규정했다. 반대 측에서는 OIE 기준이 강제 규정이 아닌 권고 사항일 뿐이라고 주장한다. 물론 OIE 기준이 권고 사항인 것은 사실이다. 그러나 OIE 기준보다 엄격한 조치를 취하기 위해서는 그에 상응하는 과학적, 합리적 근거를 제시할 수 있어야 한다. 미국은 OIE로부터 '통제된 위험국'으로 인정받았다.[13] OIE 기준을 반박할 과학적인 근거를 제시하지 못하는 상황에

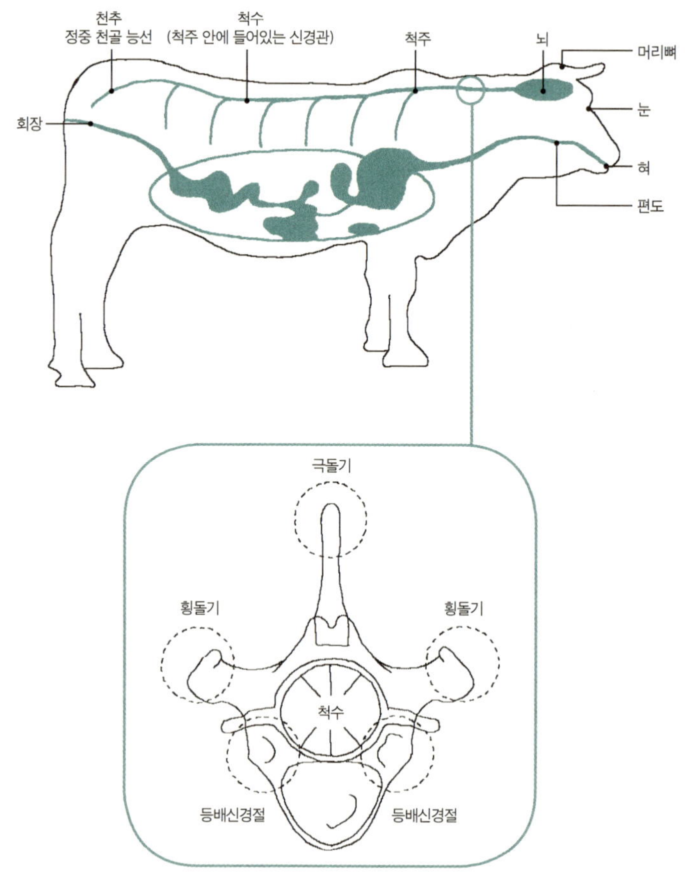

----

12 경추, 흉추, 요추, 천추는 모두 척추(등골뼈)의 일부분이다. 척추(등골뼈)를 목, 가슴, 허리, 허리 아래로 나누어 경추, 흉추, 요추, 천추로 구분한다.

13 OIE는 광우병 위험 등급을 3단계로 나누고 있다. 1등급은 '경미한 위험국'으로 오스트레일리 아와 뉴질랜드 등이 속하고, 2등급은 '통제된 위험국'으로 미국과 캐나다 등이 속한다. 3등급은 '미(未)결정 위험국'으로 우리나라를 비롯한 10개국이 포함돼 있다. 2등급 지위를 인정받은 미 국은 광우병과 직접 관련이 있는 부분을 빼면, 연령을 포함해 아무런 제한 없이 쇠고기를 수출 할 수 있다. 참고로, 우리나라는 2007년 등급 상향 심사를 신청했다. 하지만 자료 보완 요청을 받아 재심사에 임해야 한다.

서는 OIE 회원국으로서 그 기준을 존중할 수밖에 없다. 또한 추가 협의(2008년 5월 20일)를 통해 경추의 횡돌기와 극돌기를 SRM에 포함시켰다. SRM에 관한 미국 국내 기준과 완전히 동일해졌다.

그뿐 아니라 척주의 SRM 제외 부위는 EU(유럽 연합)의 기준과 같다. EU에서도 척주의 경우에 꼬리뼈, 경추(목등뼈)·흉추(가슴등뼈)·요추(허리등뼈)의 횡돌기와 극돌기, 천추(등골뼈 가운데 허리뼈보다 아래쪽에 있는 다섯 개의 뼈) 정중 천골 능선과 날개는 SRM으로 보지 않는다.

  OIE 기준은 절대적인 것이 아니며, 안전을 위한 최소 기준일 뿐이다. OIE가 제시하는 기준보다 더 엄격한 기준을 요구하는 나라들도 있다. 일본이 대표적이다. 일본은 30개월 이상의 쇠고기는 아예 수입하지 않는다. 일본에 비하면 우리의 기준은 훨씬 느슨했다. 심지어 미국 국내 기준과 비교해도 마찬가지였다. 미국에서는 30개월 이상에서는 삼차 신경절을 제거해야 한다. 그뿐만 아니라 미국에서 SRM으로 분류돼 금지하고 있는 경추의 횡돌기와 극돌기, 흉추·요추의 극돌기, 천추의 정중천골능선을 수입하기로 했었다. 이는 미국 국내 기준보다 오히려 더 못한 수준이었다. 5월 20일 추가 협의를 통해 이 문제를 시정한 것은 사실이다. 그러나 이는 애초에 협상이 얼마나 부실했는지를 증명해 준다.

척주(등뼈)의 SRM 제외 부위의 경우 EU 기준과 같지만, EU에서는 모든 연령에서 편도와 함께 십이지장부터 직장, 장간막을 SRM으로 규정하고 있다. 우리도 편도, 회장 원위부만 SRM으로 규정하지 말고 EU와 마찬가지로 십이지장, 직장, 장간막을 SRM으로 규정했어야 했다. 회장 원위부만 제외한다고 규정할 경우 소장에 회장 원위부가 딸려 올 위험성이 있다. 이 문제가 중요한 이유는 우리는 미국인과 달리 곱창을 식용하기 때문이다.

한국인, 광우병에 더 위험한가?

모든 사람은 프리온 관련 MM형, MV형, VV형 유전자 세 가지 중에서 하나를 지닌다. 현재까지 보고된 인간 광우병의 경우에, 전부가 MM형 유전자를 가진 사람에서 발병했다. 문제는 대다수 한국인이 MM형 유전자를 지니고 있다는 것이다.

<u>정부 측 입장</u> 한국인의 94.3%, 일본인의 93%가 MM형 유전자를 가지고 있지만, MM형이라고 해서 무조건 광우병에 걸리는 것은 아니다. 특정한 유전자 하나로 인간 광우병에 걸린다고 단정하기는 어렵다. 광우병에 걸린 소를 먹는다는 전제에서는 그렇게 볼 수 있지만, SRM이 엄격하게 통제되는 상황에서는 MM형이라 해서 특별히 더 문제될 건 없다. 또한 광우병은 종간(種間) 장벽이 존재해 유전자 조건만으로 쉽게 감염되지 않는다. 영국에는 광우병에 걸린 소가 18만 마리 있었지만, 인간 광우병은 166명에게서 발병했다. 많은 사람이 광우병에

걸린 소의 고기를 섭취했지만, 실제로 병에 걸린 사람은 일부에 지나지 않았던 것이다. 게다가 지금까지 발병한 백인들이 모두 MM형 유전자인 것은 맞지만, 그것이 황인종에게 적용되는지에 대해서는 아직 과학적으로 입증되지 않았다.(동양인 환자는 단 한 명뿐이었다.)

 ① 현재까지 인간 광우병 환자는 모두 MM형 유전자를 가진 것으로 밝혀졌다. ② 미국인의 50%가 MM형 유전자를 갖고 있다. ③ 한국인은 94%가 MM형 유전자를 갖고 있다. ④ 그러므로 한국인이 광우병에 걸릴 가능성은 미국인들보다 거의 2배에 가까운 것 아닌가? 그리고 SRM을 완벽하게 통제하기란 불가능한 일이다. 최근 연구에 따르면, 기존에 알려진 SRM 외에 살코기에서도 변형 프리온이 발견될 수 있다. 또 종간 장벽에 대해서도 지나치게 낙관해서는 안 된다. 처음 광우병이 발병했을 당시, 과학자들은 소에서 사람으로 전염되지 않는다고 주장했다. 그러나 11년 뒤 '인간 광우병'이 발병하면서 이들의 주장은 무너지고 말았다.

협상 내용과 과정에
문제는 없나?

검역 주권의 문제

- 5항 : 미국에서 광우병이 발생하더라도 국제수역사무국의 등급 변경 시에만 수입을 중단할 수 있음.
- 6항 : 미국 농무부 검사 아래 운용되는 미국의 모든 육류 작업장에 대해 수출 자격을 부여함.
- 23항 : 검역 과정에서 광우병 특정 위험 물질이 발견돼도 수입 물량에 대한 전수 조사 못함.
- 24항 : 한 차례의 식품 안전 위해 요인 발견으로는 규정을 위반한 육류 작업장에 대한 수입 중단 조치 불가능함.

정부 측 입장 5항에 대해서는 5월 20일 추가 협의를 통해, 미국에서 광우병이 발생하면 국제수역사무국의 등급 변경과 상관없이 수입을 중단할 수 있도록 조정했다. 미국 정부에서도 장관급 서한을 통해 이를 확인해 줬다. 6항의 경우, 우리 정부가 승인한 도축장에서 작업한 미국산 쇠고기만 수입이 가능하다. 23항과 관련해, 검역 과정에서 특정 위험 물질이 검출되는 등 위반 사례가 발생하면 해당 수입 물량을 전량 반송 조치할 수 있다. 24항에 대해서는, '추가 위반' 사례가 발생하면 바로 해당 도축장에 대해 수입 중단 조치를 취할 수 있다.

사료 조치를 통해 미국산 쇠고기가 보다 안전해졌다.(이 내용은 이후 한국 정부가 미국 문서를 오역한 것으로 드러났다. 이는 ①-③에서 따로 논의하겠음.) 따라서 미국이 협상 내용에서 규정하고 있는, 현재의 검역 조건만으로도 충분히 안전을 보장할 수 있다.

<u>반대 측 입장</u>　5항에 대한 추가 협의는 서신 교환을 통해 이루어졌다. 서신 교환만으로는 국가 간 약속이 성립한다고 보기 어렵다. 협상문 안에 명문화하지 않는 한 구속력이 떨어진다. 또한 수입 중단이 우리 국민의 건강 보호를 위해 필요한 조치라는 점을 우리 정부가 과학적으로 입증해야 한다. 곧 증명의 부담을 우리가 져야 하는 것이다. 만약 이를 증명하지 못한 채 수입을 중단하면, 무역 마찰을 빚을 수밖에 없다. 6항의 경우, 우리 정부가 승인한 도축장에서 작업한 것만 수입되는 것은 맞다. 그러나 이 내용은 '90일 동안'에만 적용된다. 90일 이후에 우리 정부는 미국의 승인 결정을 거부할 수 없다. 23항과 관련해서는, 검역 과정에서 특정 위험 물질이 발견되면 수입 물량에 대해 전수 조사를 해야 한다. 24항에 대해서는, 위반 사례가 발생하면 '즉시' 규정을 위반한 육류 작업장에 수입 중단 조치를 취할 수 있어

야 한다.

지금까지도 번번이 수입 금지 부위들이 들어오지 않았나? 그래서 더욱 미국을 믿지 못하는 것이다. 수입 조건이 완화됨으로써 위험성이 더 증가했다면 미국 도축장에 대한 점검과 감시는 상대적으로 더 강화됐어야 했다. 그런데 오히려 더 느슨해진 게 문제다.

독소 조항에 대한 논란

- 13항 : 소 월령 감식 방안으로 치아 감별법[14]을 허용함.
- 14항 : 이력을 추적하는 유일한 자료인 소 구입 기록을 2년이 경과하면 폐기 가능토록 허용함.
- 부칙 2항 : 강화된 사료 금지 조치 이행에 대해 최소한의 요건 없이 미국에 전적으로 위임함.

정부 측 입장 치아 감별법은 통계적으로 매우 신뢰도가 높고 객관적인 판단이 가능한 방법이어서 소의 월령, 곧 나이 확정에 유용한 방법이다. 특정 위험 물질만 제대로 제거하면 안전성 문제에서 30개월 미만의 소와 그 이상의 소는 별다른 차이가 없다. 기존의 사료 금지 조치(1997년 시행)만으로도 미국 내 광우병 위험을 해소하는 데 충분한 효과가 있다.[15]

 정부 내부에서조차 치아 감별법의 과학적 안정성에 대한 찬반이 분분하다. 과학적이지 못한 치아 감별법에 의존하지 말고, 미국 측에 '이력추적시스템' 구축을 요구할 필요가 있었다. 미국의 개체 이력 시스템은 미비하기 때문에, 많아야 15~20%의 소만 월령을 파악할 수 있을 뿐이다. 개체 이력 시스템이 미비한 상황이라면, 소 구입 기록 역시 폐기하지 말고 보유하도록 해야 한다. 미국에 백지 위임한 동물성 사료 금지 조치에 대해서도, 재협상을 통해 미국으로부터 확답을 얻어내야 한다.

협상에 대한 준비는 충분했나?

쟁점

① 오역(誤譯) 파문 : '30개월 이상의 미국산 쇠고기'를 수입하게 된 중요한 전제 조건은 미국 측이 강화된 동물성 사료 금지 조치를 취한다는 것이었다. 정부는 "30개월 미만 소라 하더라도 도축 검사에 합격하지 못한 소의 경우 돼지 사료용 등으로 사용을 금지하고 있다. 때문에 사료로 인한 광우병 추가 감염 가능성은 거의 없다"라고 밝혔다. 그런데 미국 식품의약국(FDA)은 4월

---

14 소의 치아를 보고 나이를 감별하는 방법. 앞에서 지적한 것처럼 광우병에 걸린 소가 대부분 30개월 이상에서 발견됐으므로, 소의 나이를 정확하게 파악하는 것은 매우 중요한 문제다.
15 미국은 1997년 8월에 소와 같은 반추동물로 만든 사료를 다시 반추동물에게 먹이지 않도록 하는 사료 금지 조치를 취한 바 있다. 참고로, 미국에서 1997년 이후 출생한 소에서는 광우병 사례가 보고되지 않고 있다.

25일 연방 관보를 통해 "30개월 미만이거나 뇌와 척수를 제거한 소가 아니라면, 도축 검사를 받지 않아 식용으로 쓰일 수 없는 소는 동물 사료로 금지된다"라고 밝혔다. 곧 이는 30개월 미만 소의 경우, 도축 검사 통과 여부와 상관없이 동물 사료로 쓰일 수 있다는 의미다. 당초 정부가 설명한 사료 금지 조치와 전혀 다른 내용이었다. 우리 정부는 뒤늦게 관련 문서를 오역한 사실을 시인했다.

② 협상 시한과 협상에 임한 자세 : 미국은 4월 4일 우리 정부에 쇠고기 협상 재개를 요청했다. 그러니 본격적인 협상 준비는 4월 4일부터 시작됐을 것이다. 4월 14일 중간 발표에서 우리 정부는 미국과의 입장 차이를 확인했다고 밝혔다. 그런데 4월 18일, 갑자기 협상이 타결됐다. 3박 4일 만에 입장이 급선회했던 것이다. 한미정상회담이 열리기 불과 11시간 전이었다.

 ① 오역 문제에 대해서는 국민들에게 송구스럽게 생각한다. 그러나 이 문제는 협상의 내용이나 본질과는 관련이 없다. 그저 '실무적인 실수'에 불과했다. 왜냐하면 기존의 사료 금지 조치로도 미국 내 광우병 위험을 해소하는 데 충분하기 때문이다.

② 일각에서는 한미정상회담에 맞춰 쇠고기 협상을 급하게 마무리한 게 아니냐는 의심을 품고 있지만, 정치적인 고려는 전혀 없었다. 협상을 결렬시킬 만한 논리가 없었다. OIE의 국제적 기준을 뒤집을 만한 과학적, 객관적 근거를 제시할 수 없어서 입장이 바뀌었을 뿐이

다. 그래서 30개월 이상을 수용하게 됐다.

<u>반대측 입장</u>　① 어떻게 정부가 협상 상대국의 문서를 잘못 해석한 상태에서 협상에 임할 수 있나? 오역 자체가 졸속·부실 협상이었음을 여실히 보여준다. 1997년에 시행된 사료 조치, 즉 반추동물[16]로 만든 사료를 반추동물에게 먹이지 않는 조치로는 충분하지 않다. 반추동물 사료를 육식동물에게 먹이고, 그 육식동물로 만든 사료를 다시 반추동물에게 먹임으로써 발생하는 교차 위험이 있기 때문이다.(소→닭/돼지→소)

　② 협상이 우리가 원하는 방향으로 진행되지 않았다면 결렬시킬 수도 있었을 텐데, 굳이 협상 시일에 맞춰 협상을 끝낸 것은 이해하기 어렵다. 한미정상회담이나 한미FTA 비준과 관련해서 정치적인 고려를 한 것으로밖에 비치지 않는다.

---

16 소화 형태상 먹은 것을 다시 게워 내어 씹는 특성을 가진 동물. 기린, 사슴, 소, 양, 낙타 따위가 있다.

'대한민국 국민'을 위한 정부가 돼야

쟁점에 대한 판단은 여러분의 몫이다. 다만, 쇠고기 사태에서 우리 정부가 보여준 몇 가지 문제점은 기억해 두자. 우리 정부는 국민과 소통하려는 노력을 게을리 했다. 미국 정부와는 열심히 대화했는지 몰라도 자국 국민과는 전혀 대화하지 않았다. 협상을 하기 전에 제대로 된 공청회조차 열지 않았으며, 협상 이후에도 협상의 한계와 문제점을 덮으려고만 했다. 그저 수치와 확률만을 들먹이며 '미국산 쇠고기의 안전'을 광고하기에 바빴다. 그리고 국민의 불안을 괴담으로 몰아붙이기 급급했다.

물론, 광우병 공포가 삽시간에 온 국민을 휩쓸긴 했다. 인터넷은 때로 정확하지 않은 정보들로 넘실거리기도 했다. 심지어 미국산 쇠고기를 먹으면 무조건 죽는다는 식의 극단적인 얘기들도 있었다. 그러나 정부와 일부 언론이 광우병 괴담이라 부르며 허위 정보로 몰아붙인 것들은, 사실 협상 이전까지 정부의 발표나 문서, 그리고 일부 신문에서 이미 제기한 내용이었다. 광우병 공포의 책임에서 정부는 결코 자유로울 수 없었던 것이다.

정부는 촛불 집회에 대해서도 집회의 순수성을 의심하고, 급기야 평화적인 촛불 집회를 불법 집회로 몰아세웠다. 시민들을 짓밟고 물대포를 쏘며, 수백 명을 연행해 갔다. 오역과 관련해서는 정부 안에서조차 다른 목소리가 흘러나왔다. 농림수산식품부는 오역을 인정했지만, 외교통상부의 통상교섭본부장은 문제가 된 부분을 이미 알고 있었다고 다시 해명했다. 진실이 무엇인지 몰라도, 이러나저러나 문제다. 오역이 사실이라면 정부가 무능했거나 불성실했다는 것이고, 오역이 아니라면 정부가 어떤 이유에서건 거짓된 해명을 했다는 것이다. 이 사안만 놓고 본다면, 우리 정부는 대단히 무능력했거나 부도덕했다.

"이번 협상은 매우 '환상적(fantastic)'이다." 미국축산협회가 한미 간 쇠고기 협상이 타결된 직후 내놓은 반응이다. 그들에게 협상이 환상적이었던 것만큼 우리에게는 끔찍하지 않았을까?

우리들의 일그러진 교육

3불 정책과 역사 교과서 논란

올해 초 교육과 관련해서 여러 이슈가 제기됐다. 한국대학교육협의회의 3불 (不) 정책 폐지 시사, 교육과학기술부의 『한국 근·현대사』 교과서 수정 권고, 반대 입장국가 교육척결국민연합의 전국교직원노동조합 교사 명단 공개, 일제 고사[17] 거부 교사에 대한 파면·해임 처분 등. 어느 것 하나 소홀히 다룰 수 없는 문제들이다. 이번 시간에는 이 가운데 학생들에게 좀 더 직접적인 영향을 미치는 '3불 정책'과 '한국 근·현대사 교과서' 문제를 중점적으로 살펴보도록 하자.

17 전국 또는 도 단위로 같은 학년의 모든 학생이 같은 문제로 각 학교별로 치르는 시험

교육 정책에 관한
좌우(左右)의 대립

3불(不) 정책과 『한국 근·현대사』 교과서를 둘러싼 논란은, 대충 보면 별 관련성이 없는 듯하지만 잘 들여다보면 공통점을 발견할 수 있다. 바로 이들 논란의 밑바탕에는 진보(좌파)와 보수(우파)의 대립이 깔려 있다. 먼저 3불 정책을 유지하자는 쪽은 평등성에 무게를 두고 있고, 3불 정책을 폐지하자는 쪽은 효율성에 무게를 두고 있다. 평등성을 지향하는 쪽은 진보주의이고, 효율성을 지향하는 쪽은 보수주의이다. 그 다음으로, 『한국 근·현대사』 교과서에서 논란이 되는 부분의 상당수는 북한 관련 내용이다. 그런데 좌파는 북한에 관대하지만 상대적으로 미국에 엄격한 반면, 우파는 북한에 엄격하지만 상대적으로 미국에 관대한 편이다. 세상을 바라보는 이러한 시각 차이가 3불 정책과 『한국 근·현대사』 교과서를 둘러싼 갈등을 낳고 있는 것이다. 상대적으로 진보적인 성격을 띠었던 노무현 정권에서 보수적인 이명박 정권으로 바뀌면서, 대한민국의 교육은 질풍노도의 변화를 맞고 있다.

3불 정책의
존폐 논란

3불(不) 정책은 1999년에 도입됐다. '기여입학제', '대학별 본고사', '고교등급제'의 3가지를 금지(不)한다고 해서 흔히 3불 정책으로 불린다. 기여입학제는 대학에 물질적, 정신적 기여를 한 사람의 자녀를 입학시키는 제도를, 대학별 본고사는 대학에서 자체적으로 실시하는 입학시험을, 고교등급제는 고등학교에 등급을 매겨 대입에서 점수로 반영하는 제도를 가리킨다. 한국대학교육협의회(이하 '대교협')는 8월 28일에 2010학년도 대학 입시 기본 계획을 내놓으면서, 2010학년도까지는 3불 정책을 유지하되 2011년도 대입부터는 전면적으로 재검토하겠다고 밝혀 상당한 변화 가능성을 시사했다. 2011학년도는 현재 고1 학생들이 대학에 들어가는 해이다. 지금까지 정부(교육과학기술부)가 담당하던 대학 입시 관련 업무가 대교협으로 이관(2008년 6월 11일)됐기 때문에 이러한 발표는 상당한 현실적 구속력을 지닌다.

기여입학제

 대학들의 재정난이 심화되고 있다. 우리나라는 전체 대학 중 85%가 사립대학으로서 전 세계에서 사립대의 비율이 아주 높은 편인데, 특히 사립대 재정의 등록금 의존도(약 74% 수준)는 매우 높은 상태다. 그 결과, 대학의 등록금 인상률도 매년 가파르게 상승하고 있다. 기여입학제가 시행되면 이 같은 등록금 인상은 어느 정도 완화될 수 있다. 또한 기부금으로 대학 교육의 질을 높일 수도 있다. 연구 시설이나 기자재 확충, 저소득층 학생들에 대한 장학금 확대 등이 그것이다. 계층 간 위화감을 조성할 수 있다는 우려는 정원 외(外) 선발과 입학생에 대한 최소 학력 기준 마련 등을 통해 불식할 수 있다.

 전반적으로 사립대의 재정 여건이 좋지 않은 건 사실이다. 그러나 기여입학제의 혜택을 누릴 몇몇 사립대의 사정은 이와 다른 것으로 보인다. 이들 유명 사립대는 매년 엄청난 액수를 재단 이월금으로 축적해 오고 있다. 매년 대학 평균 50억 원을 재단 이월금으로 적립한다고 한다. 이들 대학의 적립금 규모는 총 6조 원이 넘는다. 기여입학제가 도입되면 어차피 이들 대학이 최대 수혜자가 될 게 뻔하다. 고액의 기부금을 지불하면서 지방대에 입학하려고 할 사람은 없을 것이다. 재정 여건이 열악한 건 지방 사립대인데, 정작 이들은 기여입학의 혜택을 받기 어려울 것이다. 결국 기여입학제로 수도권 대학과 지방 대학 간의 격차만 더욱 벌어질지 모른다. 더군다나 대학 입학 기회와 금전적 기여, 즉 금전적 대가를 맞바꾸는 것은 계층 간 위화감을 조성하고 교육 격차를 늘릴 수 있다. 돈 있는 소수만 만족스럽고 나머지 대다수는 불행해지는 사회를 원하는가?

대학별 고사[18]

  대학별 고사를 금지하는 정책은 대학 교육의 발전을 가로막고 있다. 학생 선발의 기준을 정하는 것은 대학이 가진 기본적인 권리 가운데 하나다. 대학별 고사는 대학이 선택할 수 있는 하나의 방법일 뿐이다. 대학별 고사를 선택하든 말든, 그것은 전적으로 대학의 자유여야 한다. 그러나 현실은 그렇지 않다. 대학이 우수한 학생을 선발할 수 있도록 대학에 학생 선발의 자율권을 부여해야 한다. 글로벌 시대에 우리나라 대학은 외국의 명문대와 경쟁해야 한다. 우수한 학생을 선발해 잘 키워내지 못한다면, 우리 대학의 경쟁력은 떨어질지도 모른다.

기존의 수능과 내신만으로는 학생 선발의 변별력이 떨어진다. 뿐더러 수능과 내신은 학교 간에 존재하는 학력 격차를 반영하지 못한다. 그렇다고 당장 고교평준화를 철폐하기도 쉽지 않은 현실이다. 이런 상황에서, 대학별 고사는 지역 간, 학교 간 엄연히 존재하는 학력 격차를 그나마 실질적으로 반영할 수 있는 방안이 될 것이다. 반대 측에서는 대학별 고사로 인한 사교육 팽창을 우려하지만, 1981년 본고사[19]가 폐지된 이후에도 사교육 시장은 작아지지 않고 오히려 커지기만 했다. 당연히 학부모들의 사교육비 부담도 늘어났다. 사교육 문제는 대학 입시 방법과 무관하다. 사교육 문제를 단순히 대학 입시 탓으로 돌려서는 안 된다. 아무리 이상적인 대입 제도가 도입되더라도 사교육 문제는 쉽게 근절되기 어렵다.

<u>반대 입장</u>　대학별 고사는 결국 국, 영, 수 위주로 시행될 것이다. 나머지 과목들은 철저히 외면 받게 돼 있다. 그렇게 되면 고교 교육 과정의 파행은 불 보듯 뻔하다. 공교육은 더욱 붕괴하고 사교육은 더욱 팽창할 것이다. 대학별 고사를 보지 않는 지금도 사교육 열기가 식을 줄을 모르는데, 대학별 고사까지 보게 되면 사교육 시장은 눈덩이처럼 커질 게 분명하다. 또한, 본고사에 보다 유리한 특목고나 자사고 입시 경쟁은 더욱 치열해지고, 그 결과로서 사교육 열풍은 광풍(狂風)으로 번질 것이다.

　　결국 많은 학생들이 사교육에 지나치게 의존하게 되고, 교육을 통한 계층 상승의 기회는 완전히 박탈될지도 모른다. 대학별 고사는 고액의 사교육을 받을 수 있는 상위계층의 소수 학생만을 위한 입시 방법일 뿐이다. 대학별 고사 실시로 대학은 사교육으로 훈련된 '시험형 학생'만을 선발하게 될 것이다. '시험형 학생'이 글로벌 시대에 적

---

18 수능시험과 별도로 대학별로 보는 입학시험. 현재도 대학별로 논술과 면접 등을 실시하고 있으나, 대학별 본고사가 본격화되면 시험 과목이 확대되고 난이도도 상향 조정될 것으로 본다. 대학이나 학과에 따라 시험 과목은 달라질 수 있지만, 국어, 영어, 수학을 중심으로 실시될 것으로 예상된다.

19 예전에, '본시험'을 예비고사에 상대하여 이르던 말. 예비고사에 합격해야 대학입학시험('본시험')에 응시할 수 있는 자격이 주어졌다.

합한 인재인지는 의문스럽다. 기계적으로 문제 풀이만 반복한다고 해서 창의력이 길러지는 것은 아니다. 대학은 우수한 학생을 뽑는 데만 신경 쓰지 말고, 이미 선발한 학생을 뛰어난 인재로 길러내는 데 더욱 힘써야 한다.

고교등급제

 처음 고교평준화 정책이 만들어질 때 고작 3개월밖에 걸리지 않았다고 한다. 아주 단기간에 급조된 것이다. 그런 정책이 무려 35년 동안 지속됐다. 최근에 공개된 지역별 일제고사 성적과 수능성적 등을 살펴보면, 평준화 체제에서도 지역별로 학생들의 학력이 상당히 다르다는 것을 확인할 수 있다. 이제는 1300여 개에 달하는 고등학교의 평준화 결과에 대한 자료를 공개해 냉정하게 고교평준화의 효과와 문제를 검토해 봐야 할 때가 된 것이다.

반대 측에서는 고교등급제가 고교를 서열화할 거라고 문제를 제기한다. 하지만, 교육의 질을 향상시키려면 경쟁은 불가피하다. 고교 간 실력 차이, 즉 학력 격차가 존재하는 게 엄연한 현실이다. 이런 상황에서 고교 간 학력 격차에 따른 등급제를 시행하지 않는다면, 속한 집단의 수준이 다른데도 똑같은 내신 기준을 적용받게 돼 학업 성적이 우수한 학생들이 오히려 피해를 입게 된다. 곧 형평성에 어긋나는 결과가 계속 발생할 수밖에 없다. 고등학교 입학이 추첨제인 현재 상황에서 고교등급제를 시행하기 어렵다는 주장도 있지만, 이 문제는 먼저 고교 선택권을 보장하고 나서 시행하면 해결될 것이다.

<u>반대 입장</u>　고교등급제는 추첨 방식인 현재의 고교평준화와 충돌할 뿐더러, 찬성 측에서 제시한 것처럼 고교 선택권이 보장된다 해도 여전히 문제다. 고교등급제는 평등 교육의 근간(根幹)을 흔드는 매우 위험한 제도다. 우리 헌법 31조는 "대한민국 국민은 균등하게 교육받을 권리를 가진다."고 규정하고 있다.

　　고교등급제는 대입에서 개인의 능력에 따른 선발이라는 기본 원칙을 훼손하고, 고교를 서열화하는 현대판 카스트 제도라 할 수 있다. 자기 능력보다 자기가 속한 학교의 등급, 결국 그 학교의 평균 성적이나 선배들의 대입 성적에 따라 매겨진 등급에 따라 합격의 당락이 좌우된다면, 이는 도리어 형평성에 어긋나고 만다. 예를 들어, 학력이 낮은 학교의 전교 1등은 아무리 애써도 학력이 높은 학교의 전교 1등보다 낮은 평가를 받을 수밖에 없다. 형평성을 위해 도입한 제도가 오히려 형평성을 훼손하는 모순이 발생하는 것이다. 게다가 고교등급제를 시행하게 되면, 명문 중·고교 진학 열기가 달아오를 것이 분명하다. 이는 결국 사교육 과열로 이어질 수밖에 없다.

『한국 근·현대사』 교과서 수정 논란

고등학교 2·3학년의 사회과 선택 과목 중 하나인 『한국 근·현대사』 교과서는 금성출판사와 두산동아, 대한교과서 등 모두 6개 출판사에서 발행되고 있다. 촛불 시위로 뜨겁던 지난해 7월초, 당시 김도연 교육과학기술부(이하 '교과부') 장관이 청소년들이 반미, 반(反)시장적 성향을 보이는 것은 편향된 역사 교육 때문인 것 같다며 금성 교과서를 예로 들면서 본격적인 문제 제기에 나섰다. 결국 2008년 10월 30일 정부는 5개 출판사에 55곳에 대한 수정 권고를 했고, 이에 11월 8일 교과서 필자들이 기자 회견을 열어 '수정을 거부한다'는 성명을 발표했다. 상황이 이렇게 되자 정부는 한발 더 나아가 11월 26일, 수정 지시를 이행하지 않을 경우 출판사에 교과서 발행 정지 등의 조치를 취할 수 있다는 공문을 보냈다. 결국 6종 교과서 출판사들은 문제가 제기된 내용을 포함해 총 206곳을 수정·보완하기로 결정했다. 이에 금성출판사의 『한국 근·현대사』 교과서 필자들은 이 같은 주장에 동의한 적이 없다며 출판사를 상대로 법적 소송을 제기하였다.

교과서 수정 요구는 정치적이었나?

 역사 교과서에 대한 문제 제기는 2004년 국정 감사 때부터 줄기차게 이루어져 왔다. 그동안 대한상공회의소, 교과서포럼[20] 등이 교과서에 대한 문제를 제기했고, 최근에는 국방부나 통일부까지 나서서 수정을 요청했다. 교과부는 이러한 의견을 수렴해서 수정을 요구했다. 역사 교과서 수정은 2005년부터 2008년도까지 모두 1144건이 이뤄졌다. 특별히 그 시점에서 정치적인 목적을 갖고 수정을 요구한 게 아니었다.

 『한국 근·현대사』 교과서의 편향 논란은 지난 몇 년간 지속돼 왔다. 작년까지만 해도 교과부는 여러 차례에 걸쳐 문제가 없다("교과서는 교육 과정에 입각해서 서술된 것이고, 또 정상적인 검정 절차를 통과한 것이기 때문에 아무 문제가 없다.")고 밝혀왔다. 교과서는 계속 수정되어 왔을 뿐더러, 수정된 내용 가운데 일부는 경제 단체들이나 교과서포럼의 의견을 반영해 검토·수정한 부분도 있었다. 그런데도 교과부가 갑자기 좌편향 교과서라며 입장을 바꾼 것은 정권 교체에 따른 정치적인 이유밖에 달리 설명할 길이 없다. 즉 정권의 입맛대로 교과서를 제 마음대로 손본 결과였다. 교과부의 수정 권고, 수정 지시는 분명 정치적인 목적을 띤 것이었다.

---

20 2005년 1월에 창립된 단체로, 대한민국 초·중·고등학교 교과서가 좌파적 성격을 가지고 있다며, 이를 바로잡아야 한다고 주장하고 있다.

수정 요구, 절차상 문제 있었나?

<u>문제 없다</u> 수정 권고를 먼저 했고, 법에 정해진 바에 따라 수정 지시를 내렸을 뿐이다. 저작자와의 신뢰를 유지하고 저작자를 존중한다는 의미에서, 법령에 없는 용어를 사용해 '수정 권고'를 했다. 강압적인 분위기가 아니라 자유로운 분위기 속에서 수정을 협의하겠다는 의사의 표시였다. 그럼에도 절반 정도 수준밖에 수정이 이루어지지 않았기 때문에 법령에 나와 있는 수정 지시라는 방법을 쓰게 되었다.[21] 또한, 교과부는 각계의 의견을 수렴하고 국사편찬위원회의 근현대사 교과서 수정 가이드라인을 토대로 수정 권고안을 발표했다.

<u>문제 있다</u> '협의'는 애초에 없었다. 교과부가 일방적으로 통보했고, 저자들이 그대로 따르지 않자 교과부가 저자들의 수정안을 받아들이지 않았을 뿐이다. 절반 정도 수준에서 수정이 이루어졌음에도, 교과부 안(案)대로 전부 수정을 하지 않았다는 이유로 교과부는 저자들의 수정안을 받아들이지 않았다. 그런데 정부에서 내놓은 수정안은 역사학자들이나 관련 학계의 의견을 수렴해서 작성된 게 아니었다. 교과부가 보수 단체와 통일부 등의 수정 건의를 취합하여 작성한 것에 불과했다. 따라서 역사 전문가의 의견이라고 볼 수 없기 때문에 저자들은 교과부의 수정안을 전부 받아들일 수 없었다. 그 결과 검정을 취소할 수도 있다는 정부의 압력을 못 이긴 출판사가 저자의 동의 없이 임의대로 교과서에 손대겠다고 항복 선언을 하게 됐다.[22]

역사 교과서, 내용상 문제 없었나?

<u>문제 없다</u> 역사적 사실 그대로를 서술했을 뿐, 교과부가 말한 것처럼 정통성을 부정하는 내용은 없었다. 교과부의 수정 권고는 지난 수십 년 간 근현대사에서 발견된 수많은 역사적 사실을 무시한 채 역사의 시계추를 거꾸로 되돌리는 행위에 지나지 않았다. 정부가 교과서의 내용에 간섭하고 싶다면, 아예 국정교과서[23]만을 만들지 검인정제도[24]를 둘 필요가 없다. 이번 교과부의 수정 권고는 2004년 교과서포럼이나 뉴라이트전국연합[25] 등의 우익 단체가 제기한 교과서 좌편향 논란의 복사판일 뿐이다.

<u>문제 있다</u> 근현대사에 대한 해석은 개인마다 다를 수 있다. 그러나 교과서는 자라나는 학생들에게 올바른 가치관을 심어주기 위한 '모범 답안' 같은 역할을 해야 한다. 모든 나라의 역사 교육은 '애국주의 함양'이라는 공익적 목적에서 벗어나서는 곤란하다. 따라서 국가의 정통성 문제를 둘러싸고 논란의 소지가 있는 부분을 담아서는 안 된다.

---

21 교용용 도서에 관한 규정[대통령령 20740호] 26조 (수정) ① 교육과학기술부 장관은 교과용 도서의 내용을 수정할 필요가 있다고 인정될 때에는 국정 도서의 경우에는 이를 수정하고, 검정 도서의 경우에는 저작자 또는 발행자에게 수정을 명할 수 있다.

22 교과용 도서에 관한 규정 38조 (검정 합격 취소) : 교육과학기술부 장관은 검정 도서가 다음 각 호의 1에 해당한 때에는 그 검정의 합격을 취소하거나 1년의 범위 안에서 그 발행을 정지시킬 수 있으며, 당해 교과용 도서의 저작자에게 발행권 설정의 변경을 명할 수 있다.

23 교과부가 저작권을 가지고 편찬하는 교과서

24 교과부가 교과서를 직접 편찬하지 않고 심사하여 적합한 것으로 판정하는 제도

25 2005년 11월 7일에 창립된 보수주의 정치 단체다. 진보 세력의 독주를 견제하고 안정적 개혁을 주장하는 이들이 주축을 이루고 있다.

대표적으로 문제가 되는 부분은 다음과 같다.

- 8·15 광복과 연합군의 승리에 대해 부정적으로 기술한 부분
- 분단의 책임을 대한민국에 전가한 부분("남한에서 정부가 세워 진다면 이는 북한 정부의 수립으로 이어질 것이 확실하였다. 이제 남과 북은 분단의 길로 치닫게 됐다.", 금성출판사, 261쪽)
- 대한민국을 민족정신의 토대에서 출발하지 못한 국가로 기술한 부분
- 북한 정권을 그 실상과 다르게 서술한 부분 등

먼 미래를 바라보는
교육 정책을

앞에서 소개한 것처럼 정부의 압력을 못 이긴 몇몇 출판사들은 저자의 동의 없이 임의대로 교과서를 수정하기에 이르렀다. 가장 많은 수정을 당한 금성출판사 역사 교과서 저자들은 일방적인 역사 교과서 수정에 반발하며 지난 2월 소송을 제기했다. 금성 교과서는 교과부의 지시를 받아 모두 73곳이 수정됐으며, 이는 수정이 이뤄진 다른 출판사보다 적게는 두 배에서 많게는 다섯 배에 이르는 분량이었다. 그런데 최근 이 문제와 관련해 중요한 판결이 나왔다. 2009년 9월 2일, 교과부가 임의로 수정한 역사 교과서의 발행과 배포를 중단하라는 법원의 판결이 나온 것이다. 서울중앙지법 민사11부는 역사 교과서 저자들이 금성출판사를 상대로 낸 저작인격권침해정지 청구 소송에서 원고 일부 승소 판결을 내렸다. 저자의 동의 없이 출판사가 일방적으로 교과서 내용을 수정한 것이 위법하다는 저자들의 주장에 법원이 손을 들어준 것이다. 재판부는 "교과서가 일부 임의 수정된 부분이 인정된다."며 문제가 된 교과서의 발행과 판매, 배포를 중단하라고 밝혔다.

　왜 이와 같은 판결이 나왔을까? 교육은 백년대계(百年大計)[26]라는 말이 있다. 그런데, 지금의 우리 교육은 몇 년 앞도 내다보기 힘들 정도로 어지럽기 그지없다. 정권이 바뀌면 그 정권의 성격에 따라 정책이 달라지는 것은 어쩌면 당연한 일이다. 그렇지만 최소한의 정책 일관성은 유지될 필요가 있다. 불필요한 사회적 비용을 줄이고 사회적 혼란을 막기 위해서 말이다. 정책 수립과 집행에 있어서도 일정한 사회적 합의를 거칠 필요가 있다. 그러나 지금의 상황은 국민들을 우울하고 답답하게 한다. 과연 정책의 일관성은 지켜지고 있는가? 앞선 정권에서 추진했던 일들이라고 해서 무조건 부정되고 철회되고 있지는 않나? 의사 결정과 정책 집행을 무조건 밀어붙이고 있는 것은 아닌가? 법원의 판결도 정부가 무조건 밀어붙인 결과인지도 모른다.

　잘못된 것을 고치려면 당연히 고통이 따른다. 고통의 짐을 함께 짊어지고자 한다면, 잘못된 곳을 고치는 데 모두의 동의를 얻어야 할 것이다. '동의'를 다른 말로 사회적 합의라고 한다. 내가 동의하지도 않았는데, 고통을 함께 짊어질 수는 없다. 민주주의는 대화와 타협, 즉 사회적 합의를 기본으로 한다. 이명박 정부가 민주주의 기본 정신을 되새겨 주길 바란다.

---

26 먼 앞날까지 미리 내다보고 세우는 크고 중요한 계획

지상의 버림받은 자들

일자리 나누기와 비정규직법 개정안, 고통의 분담인가 전가인가

지난해 9월 미국발 금융 위기에 따른 경기 침체가 전 세계를 강타했다. 세계 경제는 침체의 늪으로 빠져 들었고, 한국 경제 역시 어두운 터널을 통과하고 있다. 기업은 투자를 꺼렸고, 실업자는 점차 늘어났다. 사회적으로 일자리를 확보하고 유지하는 일이 더욱 중요해졌다. 일자리 창출이라는 목표 아래 정부와 기업이 '잡셰어링'(job sharing : 일자리 나누기)을 추진했다. 기존 직원의 임금을 낮추고 이를 통해 확보된 재원으로 인력을 채용해 고용을 늘린다는 계획이었다. 정부는 대량 실업자 양산을 막기 위해 비정규직법 개정안을 제출하기도 했다. 이런 조치들은 과연 서민을 위한 것일까, 아니면 서민에게 고통을 전가하는 것일까? 이번 시간에는 임금 동결 및 삭감, 비정규직법 개정안 등 우리 사회의 노동 환경에 대해서 생각해 보기로 하자.

일자리 문제의 해법

2009년 1월, 비경제활동인구(경제활동을 하지 않는 인구) 가운데 '쉬었음'에 해당하는 사람이 무려 176만 명에 달했다. 이는 관련 통계가 작성된 2003년 1월 이후 최대 규모였다. 여기에 구직을 포기한 사람, 그냥 쉬는 사람, 하루 1~2시간 정도밖에 일하지 않는 사람 등을 포함한 사실상 '백수'는 350만 명 정도로 추정된다. 그야말로 엄청난 숫자다.

연도별 실업자 수를 비교해 보자면, 2003년 217만 명, 2005년 308만 명, 2007년 322만 명이었다(매년 1월말 기준). 이처럼 실업자가 계속 늘어나면 국민 경제의 한 축을 담당하는 가계의 소비는 위축될 수밖에 없다. 가계의 소득이 감소하기 때문이다. 그리고 이 같은 내수(內需)[27] 부진은 기업의 실적을 더욱 나빠지게 만든다. 〈실업 증가→소비 위축→기업 실적 감소→실업 증가〉로 이어지는 악순환이 계속되는 것이다. 이런 악순환의 고리를 끊기 위해서라도 일자리를 늘릴 필요가 있다. 그러나 경제 침체의 여파로 어려워진 기업들이 쉽사리 채용 규모를 늘리지 못하고 있다. 정부와 기업에서 궁여지책으로 꺼내 든 카드가 바로 근로자의 임금을 삭감하거나 동결하는 방안이었다. 임금을 동결하는 대신 기존 근로자들의 고용을 유지하고, 신규 채용의 경우에는 초봉을 삭감하여 확보한 재원(財源)으로 채용 인원을 늘리겠다는 의도였다.

이와 별도로 3월 12일, 정부는 비정규직보호법 개정안을 제출하였다. 비정규직법 개정안을 통해 비정규직 근로자들의 대량 해고를 막아보겠다는 게 정부의 입장이었다. 비정규직 보호법은 2007년 7월 처음 시행됐다. 이 법은 기업이 2년 넘게 비정규직 근로자를 고용할 경우 반드시 정규직으로 전환하여 채용하도록 의무화하고 있다. 비정규직법의 효과는 시행된 지 만 2년이 되는 올해 7월부터 발생하게 됐다. 문제는 정규직 채용을 꺼리는 일부 기업에서 비정규직 근로자들을 만 2년이 되기 전에 해고할지도 모른다는 것이었다. 따라서 법 개정을 통해 비정규직 근로자들의 대량 해고를 막아 보겠다는 게 정부의 입장이었다.

---

27 외수(外需)와 대비를 이루는 말로, 국내에서의 수요를 가리킨다.

임금
삭감 및 동결

임금 삭감과 동결의 명분은?

임금을 동결하거나 삭감하는 기업의 주장은 다음과 같이 요약할 수 있다. '경제 상황이 열악하고, 경영 여건도 좋지 않다. 그러나 구조조정을 단행하기보다는 가능한 일자리를 지켜 주려 한다.' 다시 말해 회사가 어렵다고 기존 근로자를 해고하거나 신규 채용을 줄이지는 않겠지만, 대신 직원들의 임금을 삭감하거나 동결할 수밖에 없다는 것이 회사가 내세우는 명분이다.

어떻게 진행됐나?

2009년 2월 25일, 30대 그룹은 대졸 신입 사원의 연봉을 최고 28%까지 차등 삭감하기로 했다. 임금별로 2600만~3100만 원인 경우 0~7%를 삭감하고, 3100만~3700만 원인 기업은 7~14%, 3700만 원 이상은 14~28%를 삭감하기로 했다. 초임이 2600만 원 이하인

기업도 전반적으로 하향 조정했다. 재계에서는 우리 경제 수준에 비해 지나치게 높은 대졸 초임 수준을 낮출 필요가 있다고 주장했다. 또한 향후 수년간 기존 직원에 대한 임금도 동결하는 데 합의를 봤다. 그런데 기존 직원에 대한 임금 동결은 구체적인 목표치가 제시되지 않았다. 3월 15일, 은행연합회는 전국금융산업노동조합에 대졸 초임 20% 삭감 등을 제시했다.

'임금 삭감 및 동결'의 바람이 대기업에만 분 것은 아니었다. 공기업 역시 대졸 초임을 최대 30%까지 낮추기로 했다. 올해 2월, 정부는 총 297개 공공기관 중 임금 실태가 파악된 116개 기관 가운데 대졸 초임이 2000만 원 이상인 기관을 대상으로 초임 보수를 현재 2000만~4000만 원 수준에서 2000만~3000만 원 수준으로 하향 조정하라고 주문했다. 대졸 초임 조정 범위는 기관별 보수 수준에 따라 2000만~2500만 원은 -10% 이하, 2500만~3000만 원은 -10~-15%, 3000만~3500만 원은 -15~-20%, 3500만 원 이상은 -20~-30% 등으로 차등 적용됐다.

무엇이 문제였나?

국제노동기구(ILO)에서 정의한 '워크셰어링'(Work Sharing)과 '잡셰어링'(Job Sharing)의 개념은 다음과 같다. 워크셰어링은 근로 시간 단축을 통해 일감을 나눔으로써 고용을 유지하거나 창출하는 것이고, 잡셰어링은 직무 분할을 통해 1명의 풀타임(full time) 업무를 2명 이상의 파트타임(part time) 근로자가 나누어 하는 것이다. 워크셰어링까지 포함한다 해도 '잡셰어링'의 본래 의미는 각 근로자의 노동 시간을 단축해 여러 사람이 일자리를 나누는 것에 한정된다. 다시 말해 기존 근로자들의 노동 시간을 줄이고, 그렇게 확보된 노동 시간만큼 고용 인원을 늘리는 것이다. 하지만 우리 사회에서 이루어지고 있는 일자리 나누기는 임금 삭감을 수반하고 있으며, 그것도 오로지 신입 사원들에게 그 부담을 떠넘기고 있다는 점에서 국제노동기구의 정의와는 그 성격이 다르다. 국제노동기구의 정의에 따르면, 임금을 깎아 채용 인원을 늘리거나 일자리를 유지하는 것은 워크셰어링도 잡셰어링도 아니다.

이제 막 대학을 졸업한 사회 초년생은 노동조합('노조')에 가입되어 있지 않아서 보다 손쉽게 임금을 삭감할 수 있는 대상이 된다. 기존 직원들의 임금을 삭감하는 것은 노조의 반대로 만만치가 않지만, 신입 사원은 입사한 뒤 노조에 가입하기 전까지는 힘이 없기 때문이다. 결국 사회적 약자에 불과한 대졸 신입 사원에게 고통을 전가시키고 있는 건 아닌지 의심스럽다. 사회 초년생이 봉인가? 만약 회사의 경영 여건이 어려워져 임금을 삭감해야 한다면, 사회 초년생이 아니라 높은 연봉을 받는 고위직에게 먼저 실시해야 하는 게 아닐까? 억대 연봉을 받는 고위직 임원의 임금을 일부 줄인다고 해서, 그들이 살아가는 데 큰 지장을 겪지는 않을 테니까 말이다. 실제 유럽이나 미국 등 외국의 경우, 상위 계층의 세율을 인상하고 기업 경영진의 보수를 제한하는 방식으로 고통을 분담하고 있다. 자유선진당 이재선 의원의 분석에 따르면, 한국철도공사는 2급 이상 임원들의 총급여액(605억 원)을 20% 정도 줄이면 연봉 3천만 원의 신입 사원 403명을 더 뽑을 수 있다.

내리기는 쉬워도 올리기는 어려운 게 임금이다. 임금을 20~30퍼센트 삭감하면 향후 3~4년간 매년 5퍼센트 이상씩 임금을 인상해도 2008년 수준에 미치지 못한다는 결론이 나온다. 더 큰 문제는 임금 삭감이 고용 유지와 불황 타개에 과연 어느 정도나 도움이 되느냐는 것이다. 임금을 일부 삭감하는 대신 고용을 늘린다면 경제에 도움이 될지도 모른다. 그러나 고용 창출 없이 임금만 깎는다면 경기 침체를 더욱 가속화시킬 수 있다. 임금이 줄면 가뜩이나 움츠러든 노동자들의 지갑은 더 닫히게 된다. 이는 결국 내수 회복을 통해 경제를 살리려는 노력에 찬물을 끼얹고 만다. 이런 사정 때문에 대공황 당시 루스벨트(Franklin Delano Roosevelt, 1882~1945) 미국 대통령은 법정 근로 시간을 단축해 일자리를 늘리는 한편 오히려 노동자의 임금을 올려 줬다. 노동자의 소비 여력을 키워 내수를 증진시키기 위해서였다.

명분으로 내세운 일자리 나누기는 어떻게 이뤄졌나?

지금 추진하고 있는 일자리 나누기에는 노동 시간 단축에 대한 내용은 전혀 없다. 그저 임금 삭감이나 동결을 통해서만 일자리를 창출하려고 할 뿐이다. 뿐더러 '일자리 나누기' 정책을 통해서 일자리를 얼마나 만들 것인지에 대한 뚜렷한 청사진도 보이지 않는다. 임금 동결과 삭감에 관한 계획은 계속 쏟아져 나오는데, 일자리 창출에 대한 구체적 대안이 보이지 않는 것이다. 예를 들어 삼성은 임금 삭감을 결정하고 나서야 올해 대졸 신입 사원 채용 규모를 5500명으로 확정해 발표했다. 이와는 별도로 대졸자 가운데 미취업자를 대상으로 인턴십(internship) 제도를 도입해 2천 명 정도를 선발할 계획이라고 발표했다. 삼성의 올해 채용 규모는 지난해의 7500명보다 2천 명(27%) 줄어든 수치다. LG도 4천 명의 대졸 신입 사원 채용 계획을 발표했다. 역시 지난해 5500명보다 약 1500명(26%)이 줄어들었다.

공기업은 기존 일자리를 줄이면서 그저 인턴사원[28]만 늘리고 있는 형편이다. 정부나 행정 기관에서 실시하는 인턴제는 대체로 10개월의 단기 프로그램이다. 짧은 기간 동안 전문적으로 일을 배우기란 쉽지 않다. 따라서 실제로 인턴사원의 업무는 사무 보조에 머물러 있는 게 현실이다. 말이 좋아 인턴이지, 실상은 10개월짜리 '알바'에 불과한 것이다. 임금만 깎고 고용은 늘리지 않는다면 이는 일자리 나누기가 아니라 경제 위기를 틈탄 기업의 비용 절감에 지나지 않는다.

---

[28] 회사에 정식으로 채용되지 않은 채 실습 과정을 밟는 사원

비정규직 문제[29]

◯ 쟁점

비정규직보호법은 2007년 7월 시행됐다. 이 법은 올해 7월에 시행된 지 만 2년이 됐다. 법이 효력을 발생하게 된 것이다. 이 법에 따라 기업들은 2년 이상 고용한 비정규직 근로자들을 정규직으로 전환해야 한다.

그러나 경제 상황이 그다지 좋지 않은 상황에서 기업들이 비정규직을 정규직으로 전환할지는 미지수다. 결국 노동부는 3월

---

29 비정규직 : 비정규직 근로자에는 고용 계약 기간이 설정돼 있는 한시적 근로자, 파견 근로자(고용 계약을 맺은 고용주와 업무 지시를 내리는 사용자가 서로 다르다.), 용역 근로자 등이 포함된다. 정규직은 고용주와 계약 관계에 있지만, 비정규직과 달리 고용 기간이 미리 정해져 있지 않다. 이와 달리 비정규직은 고용 기간이 미리 정해져 있다. 비정규직은 정해진 고용 기간만큼은 고용이 유지되지만, 그 뒤에는 일자리가 보장되지 않는, 다시 말해 고용이 불안정한 것이다. 비정규직 근로자는 정규직 근로자와 비교해 거의 같은 일을 하면서도 임금, 근로 시간, 복지 등에서 차별을 받는다. 똑같은 업무를 하는데도 정규직 근로자가 받는 임금의 절반 정도인 116만 원밖에 받지 못하는 비정규직 근로자는 51.3%에 달한다. 정부는 현재 우리나라의 비정규직의 규모를 500만 명 정도로 추정하고 있지만, 노동계는 전체 1600만 노동자 가운데 절반가량인 800만 명 정도로 추산하고 있다. 이는 경제협력개발기구(OECD) 가입국 평균인 27%에 비해 두 배나 많은 수준이다.

12일, 기간제근로자[30]와 파견근로자[31]의 고용 기간을 현행 2년에서 4년으로 연장하고, 더 많은 부분에서 파견근로자를 쓸 수 있도록 파견 범위도 확대하는 비정규직법 개정안을 제출하기에 이르렀다. 개정안의 핵심은 현행 2년의 고용 기간을 4년으로 연장하는 것이다.

비정규직을 보호하기 위해 비정규직법 개정안을 통과시켜야 한다?

<u>찬성 입장</u>　2009년 7월이면 비정규직보호법 시행 2년째가 된다. 법에 따라 정규직으로 전환해야 하는 비정규직 근로자의 대량 해고 사태가 우려되는 만큼 이를 미연에 방지하고 경기 악화에 따른 기업 부담을 경감시켜 주기 위해 법 개정을 추진해야 한다. 현행법대로라면 올해 7월 이후부터 거의 100만 명에 이르는 비정규직 근로자들이 일자리를 잃을 위기에 놓일지 모른다. 올해 연말까지 2년 계약 기간이 종료되는 비정규직 근로자가 대략 100만 명에 이를 것으로 예상되기 때문이다. 정부는 앞으로 비정규직의 70%가 실직할 것으로 내다보고 있다. 따라서 지난번 개정안은 비정규직의 고용 안정을 위해 꼭 필요한 조치였다.

　이번 법안은 일부 노동계의 주장과 달리 결코 악법이 아니다. 개정안에는 비정규직을 위한 여러 방안이 포함되어 있다. 먼저 부당한 차별을 받은 비정규직 근로자가 그에 대한 시정 요구를 할 수 있는 기간이 3개월에서 6개월로 연장되는 내용이 담겨 있다. 또한 2년 이

상 고용했던 비정규직 근로자를 정규직으로 전환하는 기업에는 고용
보험 등 회사가 부담하는 사회 보험[32] 부금을 2년 동안 50% 감면해
주기로 했다.

물론 개정안에 부작용이 전혀 없다고 말하기는 어려울 것이다.
사실, 비정규직 근로자를 정규직화하기 위한 보다 근본적인 대책이
요구된다는 지적에도 어느 정도 타당한 측면이 있다. 그러나 지금은
그런 부작용을 걱정할 때가 아니다. 개인적 차원에서는 비록 비정규
직이라 해도 그런 일자리나마 지켜내는 것이, 사회적 차원에서는 어
떤 일자리든 최대한 확보하는 것이 무엇보다 중요한 시기이기 때문
이다.

재계의 입장은 보다 강경하다. 재계는 큰 틀에서 선진국과 같은
노동 시장 유연성[33]을 확보해야 한다고 주장한다. 노동 시장의 유연
성이 전제되지 않으면 기업 경영의 효율성이 보장되기 어렵기 때문
이다. 따라서 기업의 자율적인 고용과 해고가 보장되고, 계약직 근로
등 다양한 근로 형태가 허용돼야 한다는 게 재계의 입장이다. 반대

---

30 근로 계약 기간을 정한 근로자로, 보통 1~2년 계약직으로 일하며 정기적으로 계약 기간을 갱신
한다.

31 파견업체(파견 사업주)에 고용된 관계이지만, 업무 지시는 인력을 필요로 하는 업체(사용 사업
주)에서 받아 일하는 근로자

32 질병이나 노령, 근로 능력의 상실 등으로 생활을 유지할 수 없는 사람의 생활을 보장하기 위한
사회 정책적인 보험을 말한다. 의료 보험, 연금 보험, 실업 보험, 산업 재해 보상 보험의 네 종류
가 있으며, 보험료는 정부, 사업주, 피보험자가 공동으로 부담하는 경우가 많다.

33 노동 유연성이라고도 한다. 외부 환경 변화에 맞춰 인력(人力)을 신속하고도 효율적으로 배분
하는 노동 시장의 능력을 가리킨다. 여기에는 해고의 용이성, 임금 결정과 조정의 신축성, 근로
시간의 유연성 등이 포함된다. 노동 유연성은 동전의 양면과 같다. 기업 입장에서는 '유연성'인
게 노동자 입장에서는 '불안정성'으로 여겨지기 때문이다.

측에서는 '가진 자'의 횡포라고 비난하지만, 기업마다 사정이 다른 현실을 직시할 필요가 있다. 비정규직 근로자의 90% 이상을 고용하는 300인 미만 중소기업은 대기업에 비해 상대적으로 경영 상황이 열악한 편이다. 시장에서의 진입과 퇴출도 비교적 빠른 편이라서 신축적으로 인력을 운영할 수밖에 없고, 유동적인 업무로 인해 비정규직을 선호할 수밖에 없다. 비정규직 근로자를 정규직으로 전환할 여력이 없는 기업은, 비정규직보호법 탓에 만 2년이 된 숙련된 근로자를 해고해야 할 상황에 처해 있다. 이런 현실에도 불구하고 비정규직보호법을 통해 규제를 강화할 경우, 비정규직을 주로 고용하고 있는 영세기업은 규제를 감당할 수 없어서 비정규직을 해고하게 되고, 결과적으로 비정규직으로라도 일하고 싶어하는 근로자만 일자리를 잃게 된다. 근로자가 비정규직 형태의 고용을 원하는데도 법 때문에 일할 수 없는 현실은 합당하지 않다.

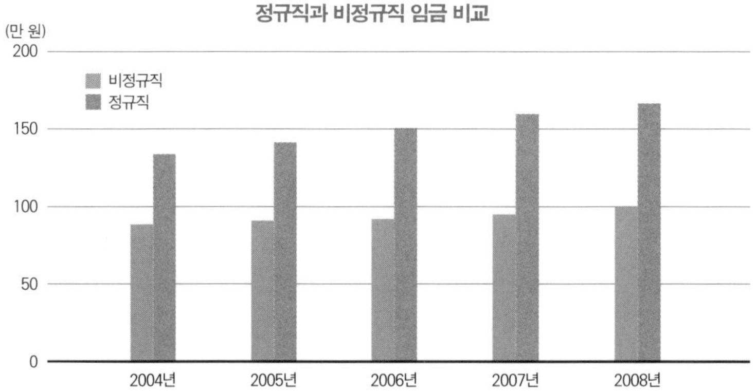

 비정규직법 개정안은 불안한 일자리를 더 늘리는 악법에 지나지 않았다. 개정안의 일부 내용에는 비정규직을 정규직으로 전환하는 유인책과 비정규직 차별을 시정하는 보완 조치가 포함되어 있었다. 하지만 전체적으로 볼 때, 비정규직의 계약 기간을 2년에서 4년으로 연장하는 일은 비정규직을 더 양산하는 결과를 낳을 가능성이 높다. 2년 뒤가 불안정한데, 4년 뒤라고 해서 비정규직이 정규직이 되리라는 보장은 어디에도 없다. 정부는 개정안이 경기 침체에 따른 비정규직의 대량 해고를 막을 것이라고 주장하지만, 경기가 나빠지면 기업들은 비정규직부터 해고하기 시작한다. 고용 기간이 4년으로 연장된다고 해서 비정규직 근로자의 고용이 보장되리란 법은 없다.

기간제근무든 파견근무든, 고용 기간만 4년으로 늘린다고 고용이 보장되거나 정규직 전환이 쉬워지는 것은 아니다. 결국 4년 뒤에도 똑같은 상황이 반복될 게 분명하다. 기업들이 비정규직 계약 기간을 4년보다 더 길게 요구하든가, 비정규직 근로자들을 아예 자르든가, 둘 중 하나일 뿐이다. 결국 비정규직 근로자들을 위한다는 개정안은 그저 비정규직 해고라는 시한폭탄을 2년 뒤로 미룬 것에 지나지 않는다. 문제는 여기서 그치지 않는다. 파견 범위를 확대하면서 발생하는 문제도 있다. 파견직 근로자의 업무 범위를 확대하면 일할 수 있는 분야가 늘어나므로, 얼핏 보기에는 고용이 확대될 것처럼 보인다. 하지만 실상은 고용의 질을 떨어뜨릴 뿐이다. 영세한 파견 업체들이 마구잡이로 난립하고, 파견 업체가 기업과 근로자의 중간에서 수

2009년 7월 30일 정부과천청사 앞에서 열린 민주노총 '비정규직 정규직 전환 촉구 기자회견'에서 조합원들이 구호를 외치고 있다. 이날 집회에서 공공부문 비정규직 기획해고를 중단하고 정규직으로 즉각 전환할 것을 정부에 요구했다. ⓒ 연합뉴스

수료를 착취하는 병폐가 심화될 게 뻔하기 때문이다.

물론, 비정규직 보호법으로 인해 직장에서 쫓겨나는 근로자가 생길 수 있다. 이들은 분명 '피해자'다. 하지만 이들은 다시 또 다른 사업장의 비정규직 근로자로 재취업할 수 있다. 비정규직 보호법은 '피해자'를 낳지만 동시에 '수혜자'도 낳고 있다. 일부 기업은 2년 동안 근무한 비정규직 근로자들을 정규직으로 전환해 주고 있다. 물론, 비정규직 '보호법'이 피해자를 낳는다는 것 자체가 아이러니다. 애초에 잘못 만들어진 법률이라 이런 결과가 나온 것이다. 바로 이 지점

이 정부가 적극 개입해야 할 부분이다. 정부가 힘을 쏟아야 할 일은, 비정규직의 계약 기간을 연장하는 게 아니라 비정규직을 정규직으로 만드는 것이다. 비정규직 보호법을 유예하는 게 능사가 아니고 비정규직 근로자 사용의 제한과 정규직 전환 유도가 올바른 해법이다. 그리고 애초에 잘못 만들어진 법 자체를 뜯어고쳐야 한다.

비정규직 활성화를 통한 노동 시장의 유연성 확보가 과연 기업에 유리한 일인가에 대해서도 생각해 봐야 한다. 일본 노무라경제연구소의 조사 보고서는, 1990년대 말 동아시아에 경제 위기가 닥친 이후 노동 유연성을 포함한 '미국식 자본주의'를 도입한 기업들보다 '종신 고용제'[34] 등 일본 고유의 경영 방식을 유지한 기업들의 경영 상태가 훨씬 양호하다고 평가했다. '미국식 자본주의'를 선택한 소니가 삼성에 밀리는 데 비해 '종신 고용제' 등을 선택한 캐논이나 도요타 등은 여전히 건재하고 있다는 것이다. 이러한 결과에 대해 보고서는 고용 안정을 통해 노사(勞使) 간 신뢰가 쌓이고, 이를 바탕으로 기업의 생산성이 향상된 결과라고 분석했다. 비정규직 양산(量産)을 통한 노동 시장의 유연성, 또는 불안정성 확대는 노동자의 삶뿐만 아니라 기업의 생산성과 건전성에도 결코 긍정적이지 않다고 볼 수 있다.

---

[34] 평생 고용 제도라고도 한다. 기업이 특별한 경우를 제외하고는 근로자를 해고하지 않고 정년까지 고용을 보장하는 제도

더 좋은 사회를
만들기 위해

기쁨은 나누면 배가 되고, 고통은 나누면 반이 된다는 말이 있다. 이처럼 고통을 나눠서 함께 짊어지는 사회가 당연히 좋은 사회다. 하지만 고통을 나누자는 미명(美名) 아래 한쪽에만 고통을 떠넘기는 사회는 나쁜 사회다. 게다가 그 한쪽이 힘없고 약한 소외 계층이라면? 지금 우리가 두 발을 딛고 서 있는 이곳은 과연 좋은 사회일까, 나쁜 사회일까?

더 많은 일을 하면서도 예년과 비교해서 임금이 삭감되거나 정규직에 비해 열악한 근로 조건에 있는 사람은 당연히 근로 의욕이나 생산력이 저하될 수밖에 없다. 대졸자 초임 임금을 28%(공기업의 경우 30%)까지 삭감하고 비정규직 근로자의 계약 기간을 2년에서 4년으로 연장하면, 노동 환경의 질은 떨어질 수밖에 없다. 이는 장기적으로 보았을 때, 우리 산업의 경쟁력을 키우는 데도 별 도움이 되지 않는다.

그런데 우리 사회는 당면한 문제 상황을 이처럼 불합리한 방식으로 해결해 나가려고 한다. 일자리 나누기, 비정규직법 등 우리나라

노동 환경이 직면한 문제를 뿌리 뽑으려면 정부와 기업, 피고용인 모두가 머리를 맞대고 더욱 실질적인 해결책을 찾아보아야 할 것이다. 무엇보다 고통 분담에 대한 사회적 합의가 먼저 이루어져야 한다. 고통 '전가'가 고통 '분담'으로 감쪽같이 뒤바뀌는 일은 앞으로 없어져야 한다.

저출산이라는 이름의 시한폭탄

저 출 산 과 고 령 화 , 그 원 인 과 대 책

얼마 전, 강남구에서 파격적인 출산 장려 정책을 내놓아 화제를 모았다. 서울시 25개구 가운데 가장 낮은 출산율을 기록한 강남구가 둘째 아이부터 100만 원, 셋째 500만 원, 넷째 1,000만 원, 다섯째 2,000만 원, 여섯째 이상은 3,000만 원의 출산 장려금을 지급하기로 결정한 것이다. 이러한 저출산 현상은 강남구만의 문제는 아니다.

우리나라의 출산율은 세계 최저 수준이다. 낮은 출산율과 의학의 발달로 고령 인구는 급속히 증가하고 있다. 한국 사회의 고령화 진행 속도는 세계에서 그 유례를 찾기 힘들 정도로 빠르다. 이 같은 상황이 지속된다면 우리는 엄청난 파국을 맞게 될지도 모른다. 이번 시간에는 '범국가적인 위기'로 떠오른 저출산의 원인과 전망, 대책을 함께 생각해 보도록 하자.

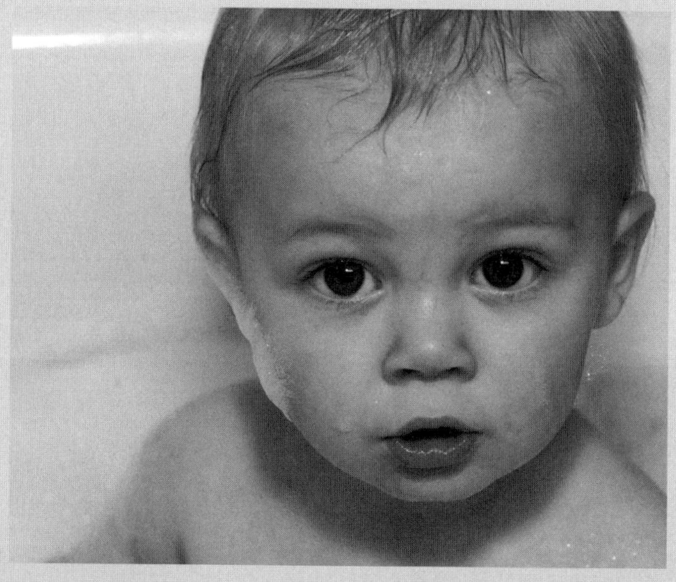

세계 최저의 출산율과
최고의 고령화 속도

사단법인 '유엔미래포럼'은 2007년 6월 조영태 서울대학교 보건대 교수 등에게 의뢰하여 우리나라의 인구 변화 추이를 알아보았다. 세계 최저 수준으로 떨어진 한국의 출산율(1.10명)이 지속되고 이민 등 국제간 인구 이동이 없다고 가정해 인구 변화 시뮬레이션[35]을 해 보았을 때 2015년부터 인구 감소가 시작돼 2305년에 '한국인'이 지구상에서 거의 사라진다는 예측이 나왔다. 이쯤 되면 최근 시급한 사회 문제로 떠오르고 있는 저출산 현상이 가볍게 넘길 문제가 아닌 듯하다.

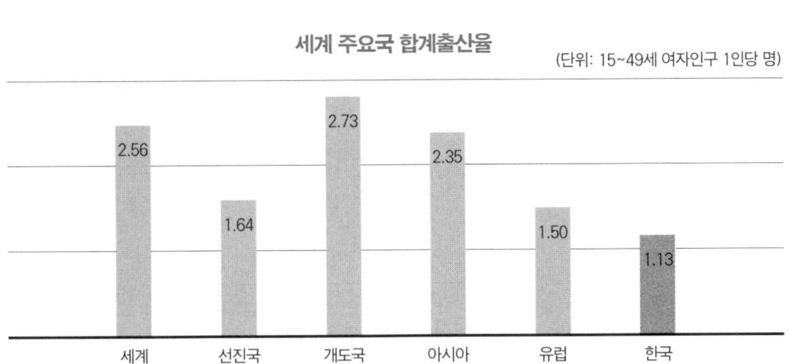

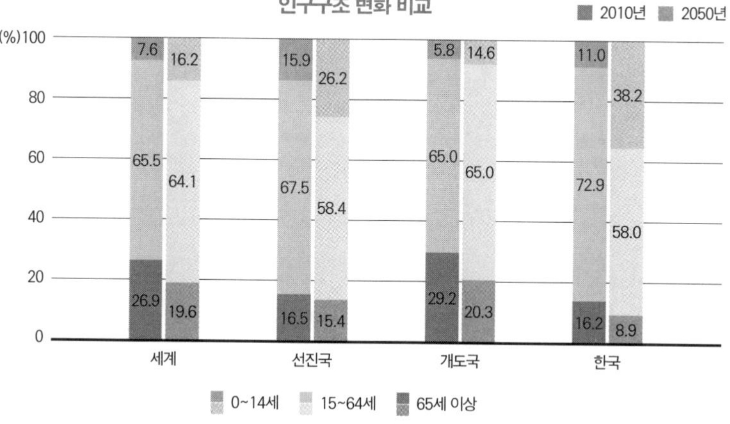

정부가 내놓은 자료에 따르면, 1960년대에 6.0명이던 국내 출산율[36]은 1970년에 4.5명으로 떨어지더니 2008년에는 세계적으로 가장 낮은 수준인 1.19명으로 곤두박질쳤다.[37] 이는 세계 평균 출산율인 2.54명의 절반에도 못 미치는 수치로, 낮은 출산율로 유명한 일본(1.37명)이나 영국보다도 못한 수준이다. 우리의 인접국인 홍콩의 출산율이 0.96명으로 1명이 채 되지 않지만 도시 국가인 점을 감안하면 우리나라가 세계 최저인 셈이다. 인구를 현상 유지하는 데 필요한 출산율의 수준을 '인구 대체 수준'이라고 하는데, 선진국의 경우 2.1명으로 잡고 있다. 우리나라는 지난 1983년에 2.1명 이하로 떨어진 이래 저출산 현상이 지속되고 있다. 그 결과 2018년을 정점으로 우리나라의 인구는 감소할 것으로 전망된다.

저출산과 함께 진행되는 것이 바로 고령화다. 우리나라는 지난 2000년 고령화 사회[38]로 들어선 이후 세계에서 유례를 찾아보기 힘들 정도로 빠르게 고령화가 진행되고 있다. 통계청이 지난 7월 11일, '세계 인구의 날'을 맞아 유엔이 내놓은 〈세계 인구 전망〉을 기초로 미래 인구 변화를 예측한 〈세계 및 한국의 인구 현황〉은 한국의 저출산·고령화 문제가 얼마나 심각한 수준인지 확인시켜 준다. 현재 한국의 65세 이상 인구 구성비는 11.0%로, 선진국(15.9%)과 개발 도상국(5.8%)의 중간 수준이다. 그러나 2050년에는 이 비율이 무려 38.2%로 높아져 일본을 앞지르고 세계 1위의 고령 국가가 될 수 있다고 한다. 여기에다 출산율은 2005~2010년 1.13명으로 세계 최저 수준을 유지할 것으로 보인다. 이 같은 출산율 급감은 1980년대 초반까지만 하더라도 가족 계획 사업 등 정책적 요인 탓이 컸으나, 이후 사회·경제적 요인이 더해지면서 더욱 심화되고 있다.

....

35 복잡한 문제나 사회 현상 등을 해석하고 해결하기 위하여, 실제와 비슷한 모형을 이용한 모의실험으로 그 특성을 파악하는 일
36 15~49세의 임신 가능 여성이 낳는 자녀의 수
37 우리나라의 출산율은 2007년에 1.25명, 2006년에 1.12명, 2005년에 1.08명을 기록했다.
38 '고령화 사회'는 전체 인구 대비 노령 인구의 비율이 증가하는 사회, 즉 인구의 고령화가 진행 중에 있는 사회로, 고령자 인구가 7% 이상을 차지한다. '고령화 사회'보다 고령자 인구가 더 많은 사회는 '고령 사회'로 분류된다. '고령 사회'는 고령 인구가 일정 비율로 증가한 어떤 단계에 와서 그 비율이 거의 안정된 상태로 지속되는 사회로서, 고령자 인구의 비율이 14% 이상인 사회다. 마지막으로 고령자 비율이 20%를 웃돌면 '초고령 사회'로 분류한다.

출산율 저하와
고령화의 원인

집안일과 직장 일, 이중(二重)의 부담

결혼한 여성들은 왜 아이를 적게 낳거나 낳지 않는 걸까? 아이를 키우는 일이 너무 어렵고 힘들기 때문이다. 오늘날 여성의 사회 진출은 늘었지만, 여성들은 여전히 가사(家事)와 직장 일을 병행해야 한다. 여성들은 가사와 직장 일의 이중고(二重苦)로 인해 쉽사리 출산과 육아를 선택하지 못한다. 뿐더러 직장과 출산·육아는 양립하기 어려운 경우가 많다. 가령 임신 중인 여성은 야간 근무나 휴일 근무를 못 하도록 법적으로 규정돼 있지만, 현실에서는 거의 지켜지지 않는다. 정부는 작년 맞벌이 부부가 최장 2년간의 '육아 휴직'[39]을 쓸 수 있도록 제도를 개선했지만, 이 역시 대부분의 직장인에게는 '그림의 떡'에 불과하다. 육아 휴직 급여 제도가 도입된 지 9년째지만, 여성 공무원조차 휴직 이용률이 20% 남짓에 불과하다. 노동부가 지난 3월, 20세 이상 남녀 1,000명을 대상으로 〈남녀 고용 평등 국민 의식 조사〉를 벌인 결과, 육아 휴직 제도에 대해 50.1%가 '지켜지지 않는다'고 응

답했다.

이처럼 현실에서 육아 휴직을 신청하는 데에는 여러 가지 어려움이 따른다. 대다수 기업이 2년간의 휴직 기간에 따른 업무 공백을 내세워 아예 휴직 신청을 받아주지 않거나 일부는 휴직 자체를 인사 고가[40]에 반영해 승진이나 인사상 불이익을 준다. 육아 휴직을 쓸 수 있다 해도 회사에서 대체 인력을 마련해 주지 않아 동료들에게 업무를 떠넘겨야 하는 부담감과 원직 복직(復職)의 불안감이 휴직 기간 내내 가슴을 짓누른다. 물론 법적으로 남성이 여성 대신 육아 휴직을 이용할 수도 있지만, 남성 역시 여성과 같은 이유로 육아 휴직을 적극적으로 이용하지 못하는 실정이다. 실제 지난해 고용 보험에 육아 휴직 급여를 신청한 2만 9,145명 가운데 남성은 고작 1.2%인 355명에 그쳤을 뿐이다.

----

39 생후 3년 미만의 영유아를 가진 근로자가 자녀의 양육을 위하여 신청하는 휴직을 말한다. 우리 나라는 2001년부터 육아 휴직 제도를 시행하고 있다. 여성은 물론 남성도 2년까지 쓸 수 있고, 육아 휴직 기간에는 매월 50만 원을 지원받는다. 사업주가 근로자를 위하여 2년 동안의 육아 휴직을 허용한 경우에도 법적 육아 휴직 기간인 1년 동안만 육아 휴직 급여가 지급된다. 특히 자녀 양육에 있어서 1차 담당자가 되어온 여성들이 출산, 육아 등의 문제로 직장에서 퇴출(退 出)되지 않도록 지원하는 제도라 할 수 있다.
40 인원 배치, 임금 책정, 교육 훈련 등을 위해 종업원이나 직원의 능력·성적·태도를 종합적으로 평가하는 일

육아와 교육에 따른 경제적 부담

보건복지가족부에 따르면, 우리나라에서 5세 이하 영·유아의 수는 274만 명에 달한다. 그러나 부모들이 선호하는 공공 보육 시설에 들어갈 수 있는 어린이는 고작 12만 명 정도에 불과하다. 게다가 민간 보육 시설의 경우엔 정부 인증을 받지 않은 채 운영되는 곳이 무려 64%에 이른다. 아이를 믿고 맡길 곳이 부족하다는 얘기다. 문제는 여기에서 그치지 않는다. 맞벌이 부부의 경우, 야간에도 아이를 맡겨야 할 때가 있는데 현실적으로 이런 보육 서비스를 제공하는 시설은 찾아보기 어렵다. 저녁 이후에도 운영하는 '야간 보육' 시설은 전체의 5% 정도에 불과하며, 24시간 운영하는 시설 역시도 2% 미만에 머물고 있는 실정이다.

믿고 아이를 맡길 만한 곳도 적을 뿐더러 설사 그런 곳이 있어도 비싼 보육료 때문에 경제적 부담이 문제가 된다. 정부는 올해부터 저소득층 가정의 1세 미만 아이에게는 월 10만 원의 양육 수당을 주고, 소득 하위 50% 계층에는 무상(無償) 보육을 실시하고 있다. 이는 전체 보육 대상 아동의 20% 정도에 해당한다. 이 같은 정부의 지원은 극히 제한적인 것이다. 가령 정부가 지원하는 국공립 시설과 보육 시설은 전체 보육 시설의 20% 미만에 불과하다. 자격이 되지 못하는 나머지 사람들은 민간 보육 시설에 아이를 맡겨야 하는 것이다.

자녀가 초등학교에 들어가면 경제적 부담이 줄어들까? 출신 학교가 꼬리표처럼 붙어 다니는 우리나라에서는 가구 소득의 20~30%를 사교육비가 차지할 정도로 부모들의 교육열이 매우 높다. 이는 경제협력개발기구(OECD) 회원국의 평균보다 3배 이상 높은 수준이다. 이처럼 사교육비 부담이 크다 보니, 아이 갖기를 아예 포기하거나 1명만 낳는 젊은 부부들은 계속 늘어나고 있다.

미혼(未婚)과 만혼(晩婚)의 증가

미혼과 만혼의 증가는 여성이 사회 활동 확대와 밀접한 관계를 맺고 있다. 한국보건사회연구원의 〈2005년도 전국 결혼 및 출산 동향 조사〉 분석 결과에 따르면, 미혼 남성의 71.4%, 미혼 여성의 49.2%만이 결혼에 대해 긍정적인 태도를 보였다. 특히 조사 대상자의 나이가 많을수록 결혼에 대해 부정적인 생각을 갖고 있어서, 결혼 시기를 늦추거나 결혼을 포기하는 경향이 큰 것으로 나타났다. 통계청이 지난 7월에 여성 관련 통계를 수집·정리해 발표한 〈2009년 통계로 보는 여성의 삶〉도 만혼(晩婚) 추세를 확인시켜 준다. 지난해 여성의 평균 초혼 연령은 28.3세로, 2007년 28.1세보다 0.2세, 10년 전인 1998년보다 2.3세 높아졌다. 이처럼 여성 초혼 연령은 1992년 이후 매년 높아지고 있는 추세다. 연령대별로 살펴보면, 지난해 25~29세 초혼 여성 비중은 56.8%로 2007년(57.6%)보다 0.8% 포인트 낮아졌다. 반면 30~34세 초혼 여성은 21.5%로 전년의 19.7%에 비해 1.8% 포인트나 높아졌으며, 35~39세 초혼 여성 비중도 4.2%로 2007년(3.8%)에 비해 0.4% 상승했다. 이 같은 미혼과 만혼의 증가는 자연스럽게 출산율 감소로 이어지고 있다.

초고령 사회의
도래

출산율의 저하와 의학의 발전 등으로 우리 사회는 급격히 고령화되고 있다. 문제는 그동안 우리가 고령화를 대비해서 거의 아무런 준비도 하지 못했다는 것이다. 우리나라는 지난 2000년 고령화 사회로 들어선 이후, 세계에서 유례를 찾아보기 힘들 정도로 고령화 속도가 빠르다. 2016년에 65세 이상의 노인 인구가 유소년 인구(0~16세)보다 더 많아질 것으로 예측되고 있으며 2018년에는 고령 사회, 2026년에는 초고령 사회로 접어들 것으로 전망된다. 특히 농촌의 경우 65세 이상의 비중이 1999년에 이미 21.1%에 달해 이미 초고령 사회의 문턱을 넘어섰다.

초고령 사회가 되기까지 프랑스는 155년, 이탈리아는 81년, 일본은 36년이 걸릴 것으로 예측되는데, 우리는 일본보다 무려 10년이나 더 빨리 진행될 것으로 예상된다. 이들 나라와 비교해 열악한 복지 수준과 조기 퇴직, 청년 실업, 그리고 비정규직 확산 등 우리나라가 안고 있는 여러 불안 요인을 감안하면, 초고령 사회에 진입했을 때의 충격은 다른 어느 나라보다 훨씬 더 심각할 것으로 보인다. 노동력 부족(노동 생산성 저하), 소비·저축·투자 감소, 노인 부양 비용 증가, 공적 연금 지출 증가 등의 문제가 예상된다. 이는 결국 국가 경쟁력 저하로 이어질 수밖에 없다.

가장 먼저 나타나는 부작용은 젊고 힘 있는 노동력이 부족해지고, 노동력의 질이 떨어지는 문제다. 전문가들은 생산 가능 인구 (15~64세)가 2016년에 정점(3619만 명)을 찍고, 그 이후에는 계속해서 감소할 것으로 관측하고 있다. 생산 가능 인구가 줄어 노동력이 부족해지고 노동의 질이 떨어지면 제조업 중심의 산업 구조를 가지고 있는 우리 경제에 상당한 치명타를 입힐 수밖에 없다. 생산성에 직접적인 영향을 미쳐 경제 성장을 저해할 수 있기 때문이다. 2007년 2월에 발표된 한국개발연구원의 보고서에 따르면, 현재 수준의 출산율과 고령화 추세가 지속되고 노동 생산성 증가율이 제자

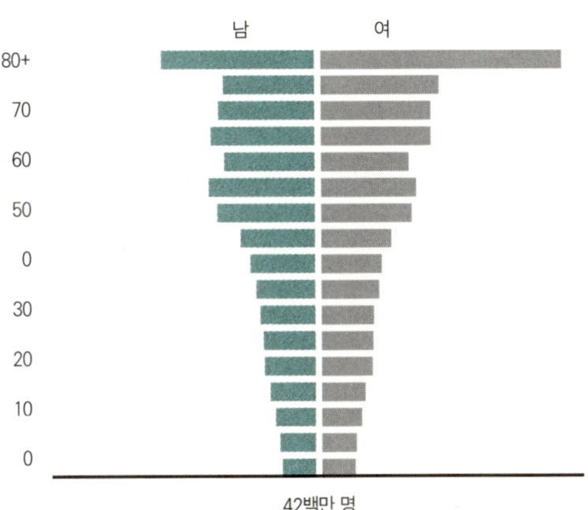

리걸음을 이어갈 경우 우리나라의 잠재 성장률은 2020년대에는 2%대로, 2030년대에는 1%대로, 2040년대에는 0.74%까지 떨어질 수 있다.

내수(內需) 시장의 위축도 간과할 수 없는 문제다. 최근 세계적인 경제 위기를 맞으면서 내수 시장의 중요성이 다시금 부각되고 있다. 수출이 경제 성장의 원동력이라면, 내수는 경제 안정의 주춧돌이다. 그런데 저출산과 고령화는 왕성한 소비력을 가진 젊은 세대를 감소시켜 내수 시장의 침체를 불러올지 모른다. 선진국의 경우는 고령화가 진행되면서 저축이 줄고 소비가 늘어나는 경향을 보였지만, 우리나라의 사정은 이와 다르다. 조기(早期) 퇴직과 비정규직의 확산으로 40~50대의 소득 수준이 크게 떨어지고 있는데다 노인 부양 부담이 커지면서 젊은 세대의 소비까지 위축될 가능성이 있기 때문이다.

저출산·고령화는 정부의 사회적 지출을 급격히 증대시키고, 현역 세대의 조세 부담을 가중시키는 문제도 초래한다. 2005년에는 7.9명이 1명의 노인을 부양했지만, 지금과 같은 저출산 상황이 지속된다면 2020년에는 4.6명당 1명의 노인을, 2050년에는 1.4명당 1명의 노인을 부양해야 하는 상황에 이르게 된다. 젊은 세대가 져야 할 부담이 그만큼 무거워지는 것이다.

고령자의 증가는 국민 연금이나 건강 보험 등 사회 보장 비용을 눈덩이처럼 커지게 할 것이다. 현재 2조 원 규모인 건강 보험의 진료비 지급액은 2020년에는 54조 원으로 늘어날 전망이다. 2050년이면 GDP 대비 의료비 지출도 27% 수준까지 늘어나 그만큼 사회적 부담을 가중시킬 것으로 보인다. 국민 연금이 지급해야 하는 연금 총액은 현재 국내총생산(GDP) 53.2% 수준에서 2035년에는 GDP 규모를 넘어서는 규모로 늘어날 전망이다.

한편 산업 분야에서는 실버(silver) 산업[41]이라고 불리는 영역이 활성화될 것이다. 양로원이나 노인 휴양 시설, 노인 보건에 관련된 산업이 크게 증가할 것이다. 그밖에 노인들의 역할 상실과 소외에 따른 노인 문제가 사회 문제로 대두될 것으로 보인다. 저출산과 고령화는 안보 분야에서도 문제를 낳을 수 있다. 병역 문제만 해도 남성의 군복무 기간이 지금보다 연장될 가능성이 높고, 여성 또한 국방 의무를 수행해야 할 가능성을 배제하기 어렵게 될 것이다.

[41] 노인을 상대로 노인을 위한 상품을 제조·판매하거나 의료·복지 시설을 세우는 따위의 산업

고령화 사회의
대책

다양한 출산 장려 정책

요즈음 여성들은 결혼하고 계속 취업하기를 원한다. 여성 4명 가운데 3명이 맞벌이를 희망한다. 정부에서는 경제 활동을 원하는 여성들이 마음 편하게 일과 출산·육아를 병행할 수 있도록 다양한 제도를 마련할 필요가 있다. ① 파격적인 출산 장려금, ② 보육비 지원 확대, ③ 육아 휴직 보장 및 육아 휴직 급여 인상, ④ 직장 보육 시설 및 종일반 운영 보육 시설의 확충, ⑤ 공교육 경쟁력 강화(사교육비 절감), ⑥ 맞벌이 부부, 육아 용품 세제 혜택, ⑦ 유연한 근로 시간 문화 확산, ⑧ 출산 후 복직 보장 등이 시급해 보인다.

물론 이러한 제도적인 장치가 갖춰진다고 해서 출산율이 반드시 높아지리라는 보장은 없다. 하지만 적어도 아이를 낳고 싶어도 키울 비용이 없거나 상황이 열악해 낳지 못하는 요인을 제거하는 데 정부가 적극 나서야 한다. 복지부 자료를 보면, 경제협력개발기구(OECD) 회원국의 국내총생산(GDP)에서 정부의 출산 지원 예산이 차지하는 비중은 평균 2.3%인 데 반해, 우리나라는 0.4%(2008년)에 머물고 있다. GDP 대비 2.3%는 우리 정부가 초등학교에 지출하는 예산 규모와 맞먹는다. 이처럼 예산이 부족하면 지원은 일부 저소득층으로 한정되게 마련이어서, 일반 국민들이 정부에서 시행하고 있는 출산 장려 정책을 피부로 느끼기 어렵다. 따라서 정부는 출산 관련 정책의 예산을 늘리고, 보다 많은 국민에게 혜택이 돌아갈 수 있는 실질적인 정책을 마련하는 데 힘써야겠다.

앞에서 제시한 다양하고 구체적인 제도를 통해 출산율을 높이는 것과 더불어 보다 근본적인 차원에서 출산율을 높이려는 노력을 병행해야 한다. 다시 말해 육아의 짐을 무조건 여성에게만 떠넘기는 사회적 분위기, 출산 여성이 승진과 보직(補職)에서 차별받는 직장·조직 문화, 사교육비를 포함한 과다한 양육비 부담 등의 문제도 우리가 풀어 나가야 할 어려운 숙제다.

다른 대안 – 이민 수용

저출산의 심각성을 인식한 정부는 서둘러 대책을 쏟아내고 있다. 그러나 인위적인 노력만으로 출산율이 크게 높아질 가능성은 적다. 이는 선진국들의 경험에서 뚜렷이 입증된다. 영국, 독일, 일본 등 선진국들은 저출산 문제의 해결을 위해 출산 수당 지급, 육아 보육 지원, 육아 휴직 연장, 보육 시설 확충 등에 엄청난 재정을 쏟아 붓고 있지만 제대로 된 성과를 거의 거두지 못하고 있다. 가장 성공적이라는 프랑스가 지난해 2명 수준의 출산율을 간신히 회복했지만, 이마저도 인구를 현상 유지하는 데 필요한 출산율 2.1명에 미치지 못하는 수준 이다. 일본의 경우 천문학적인 재정을 투입해 출산율을 끌어올리기 위해 애쓰고 있지만, 여전히 1.3명대에 머물고 있는 실정이다.

주요 선진국 가운데 그나마 미국이 현상 유지 수준 이상의 출산 율을 기록하고 있다. 그런데 이는 아시아 및 히스패닉(hispanic)[42] 이 민자 가정의 출산 급증에 힘입은 바가 크다. 우리나라도 출산율을 쉽 사리 끌어올리기 어렵다면, 바로 여기에서 문제 해결의 실마리를 찾 아볼 수 있다. 곧 외국인의 국내 유입을 적극적으로 늘리는 것이다. 같은 저출산 문제를 겪고 있는 에스파냐, 포르투갈 등도 현재 이민 확대 정책에 주력하고 있다. 우리나라도 외국인들이 국내에서 일할 수 있는 길을 넓히고, 국적 취득을 통해 한국인이 될 수 있는 기회도 대폭 확대해야 한다.

국내 거주 외국인이 벌써 100만 명을 넘어섰고, 아시아인 등과 의 혼혈도 크게 늘고 있다.[43] 앞으로 이런 추세는 더욱 가속화될 전망 이다. 100만 명이 넘는 외국인 가운데 우리나라 국적을 취득한 사람 은 6.7%인 7만 3725명에 불과하다. 통계청의 인구 동향 조사에 따 르면, 2008년 7월 기준 국내 결혼 이민자는 14만 4천 명에 이르며 다문화 가정 자녀수는 5만 8천 명에 이른다. 그러나 결혼 이민자 가

---

42 스페인어를 쓰는 중남미계 미국 이주민과 그 후손을 가리킨다.

43 행정안전부가 발표한 〈2009년 지방자치단체 외국인 주민 현황〉에 따르면, 2009년 5월 말 현재 외국인 주민은 110만 6884명으로 작년 89만 1341명보다 21만 5543명이 증가했다.

운데 아직 국적을 취득하지 못한 사람은 10만 2천여 명에 달한다. 이제 편협한 민족주의에서 벗어나 이민자를 적극적으로 받아들여야 할 상황이 도래한 것이다.

강 건너
불구경할 때가
아니다

출산율을 높이기 위해서는 정부의 역할이 중요하다. 그러나 우리의 현실은 어둡다. 우리나라는 국내총생산(GDP) 대비 출산 지원 정부 예산이 0.4%에 불과하다. 국제협력개발기구(OECD) 회원국 평균이 2.3%에 달하는데 말이다. 프랑스는 무려 3.8%에 이른다. 저출산 문제를 해결하려면 국가적 차원의 결단을 내려야 한다.

저출산 문제를 해결하기 위해서는 정부의 역할이 중요하지만 엄청난 재정 부담 등 정부의 힘만으로는 분명 한계가 있다. 인구 감소는 국가의 존망(存亡)이 걸린 문제라는 인식 아래 경제계, 교육계 등 각계각층이 힘을 모아야 한다. 노동 환경, 보육 및 교육 환경, 가사(家事) 및 육아(育兒)에 대한 가치관과 가정 문화 등 우리 사회의 전반적인 영역을 바꾸어야 저출산 문제를 해결할 수 있다. 공공 기관과 일정 규모 이상의 직장은 보육 시설 설치를 의무화할 필요가 있고, 기업들은 여성들이 걱정 없이 임신·출산·양육을 할 수 있도록 직장일과 가정일의 양립이 가능한 업무 환경을 조성해야 한다. 출산과 양육에 대한 사회적 책임을 강화해 보육 문제를 근본적으로 해결해야 한다. 교육계는 사교육 문제의 해결을 통해 교육비 부담을 덜어주는 노력을 기울여야 한다.

노동력 부족을 해소하기 위해 정년 연장 등 노인 인력의 활용 방안을 적극 검토하고, 사회적 안전망도 보다 튼튼하게 정비할 필요가 있다. 인구 재앙의 시한폭탄이 터지기까지 시간이 그리 많지 않다. 더 늦는다면 우리에게 미래는 없을 수 있다. 아이 없이는 미래도 없다는 절박한 심정으로 모두가 나서야 할 때다.

교양
상식

2
—

자유와 인권의
풍경

가장 훌륭한 교과서는 광장이다

2008년 4월 18일, 한미 쇠고기 협상이 타결됐다. 그런데 협상 내용이 드러나자 사람들은 '미친 소 너나 먹어'라는 구호를 외치며 촛불 문화제를 시작했다. 2008년 5월 2일 첫 번째 촛불 집회가 시작됐다. 인터넷 포털 사이트 다음의 '안티 이명박' 카페 회원들을 중심으로 중·고등학생과 직장인 등 1만여 명이 청계 광장에 모여 촛불을 밝혔다. 경찰은 살수차를 동원하는 등 강제 진압을 서슴지 않았다. 그렇다면 정부와 경찰의 주장대로 촛불 집회는 불법·폭력 집회였을까? 이번 시간에는 촛불 집회와 관련해서 벌어진 논란을 살펴보자.

뜨거웠던 광장의 기억 : 촛불 집회의 흐름과 최근 촛불 집회의 특징

민주주의는 '광장'에서 시작됐다고 할 수 있다. 아테네의 민주주의는 아고라[44]에 모인 시민들에 의해 비롯됐던 것이다. 우리 현대사에도 광장에 모인 사람들이 역사의 강물을 돌려놓은 도도한 흐름이 있었다. 가장 대표적인 사건이 바로 1987년에 일어난 '6월 민주항쟁'[45]이다. 2008년의 촛불 집회를 보며 6월 항쟁을 떠올리는 사람이 적지 않았다. 그도 그럴 것이 촛불 집회는 6월 항쟁을 기념하는 6월 10일에 절정에 이르렀다.

그러나 젊은 세대에게 6월 항쟁은 먼 이야기였는지도 모른다. 그들에게 1987년은 그들이 태어나기 전이거나 그들의 기억이 시작되

----

44 agora, 고대 그리스의 도시 국가에서 시민들의 일상생활이 이루어지던 광장
45 1987년 6월 전두환 정권의 독재 정치에 반발하여 일어난 민주화 시위를 말한다. 전국에서 500여 만 명이 참여하여 4·13 호헌 조치 철폐, 직선제 개헌 쟁취, 독재 정권 타도 등 민주화를 요구하였다. 전두환 정권은 국민의 민주화 요구를 받아들이지 않을 수 없게 됐다. 이에 당시 민주정의당 대통령 후보였던 노태우는 직선제 개헌과 평화적 정부 이양, 대통령 선거법 개정 등을 주요 내용으로 하는 6·29선언을 발표하기에 이르렀다. 이 항쟁은 쿠데타로 집권한 전두환 정권으로부터 민주화를 쟁취해냈다는 점에서 그 의의가 크다.

기 전이다. 요즘의 촛불 집회가 기성세대에게는 6월 항쟁의 연장으로 비칠지 모르지만 젊은 세대에게는 그저 새로운 역사의 시작으로 비칠 것이다. 젊은 세대가 공유하는 광장의 기억은 2002년부터 시작된다. 월드컵의 열기로 가득했던 2002년의 광장은 그들에게 축제의 공간이었다. 그 기억 때문일까. 2008년의 '촛불 광장'은 축제와 투쟁으로 어우러져 있었다.

촛불의 역사는 지금으로부터 7년 전으로 거슬러 올라간다. 광장에 촛불의 물결이 일렁이기 시작한 것은 2002년부터다. 2002년 한일 월드컵의 열기가 가라앉을 무렵 끔찍한 소식이 들려 왔다. 대낮에 길을 가던 두 여학생이 미군 장갑차에 치여 사망했다는 소식이었다. 그런데 사람들을 분노하게 만든 것은, 가해자인 미군들이 경미한 처벌을 받게 될 거라는 소식이었다. 그리하여 2002년 11월, 고(故) 효순이·미선이를 추모하는 촛불 집회가 네티즌들을 중심으로 열리게 됐다. 그로부터 2년이 지난 2004년에도 촛불은 다시 타올랐다. 노무현 전(前) 대통령 탄핵소추안[46] 통과를 반대하기 위해서였다. 그리고 다시 4년이 흘렀고 광장은 또 한번 촛불로 붉게 물들었다. 2008년 6월 26일까지 50번째 촛불 집회가 열렸다. 사람들의 몸에 새겨진 뜨거운 광장의 기억이 그들을 광장으로 불러들였다.

그런데 지금까지 개최된 촛불 집회와 2008년의 촛불 집회는 일정한 차이가 있었다. 과거 효순·미선 추모 집회나 탄핵 반대 집회는

---

[46] 국회에서 대통령·국무 위원·법관 등의 탄핵을 결의하기 위해 낸 안건

아테네의 민주주의는 아고라 광장에
모인 시민들에 의해 비롯되었다.

정치적인 성격이 짙었다. 그러나 2008년의 촛불 집회는 정치적인 문제보다 '생활의 문제'가 그 중심에 자리하고 있었다. 미국산 쇠고기의 안전성 문제가 바로 그것이었다. 물론 촛불 집회의 관심사는 먹을거리의 안전성 문제에서 점차 의료 보험과 공기업 민영화, 한반도 대운하, 교육 자율화, 공영 방송의 문제 등으로 확대돼 갔다. 생활의 문제가 중심이기에 집회에 참여하는 사람들의 모습은 저마다 각양각색이었다. 특히 젊은 세대의 참여가 두드러져 집회 방식도 상당히 달라졌다. 젊은 세대는 그들에게 익숙한 매체를 활용하여 디지털(digital)과 아날로그(analog)를 묶는, 새로운 형태의 집회 문화를 보여 주었다.

2008년의 촛불 집회에 대한 '찬반 논란'은 진보와 보수라는 이념 논쟁으로 비화되는 등 그 파장이 작지 않았다. 촛불 집회의 쟁점은 크게 두 가지였다. 촛불 집회의 위법성과 과격·폭력성. 두 가지 쟁점에 대한 상반된 입장을 검토해 보고 과연 어느 입장이 더 타당한지 각자 고민해 보도록 하자.

촛불 집회는
불법 집회인가?

'집시법'이라는 게 있다. '집시법'은 '집회및시위에관한법률'의 줄임말
이다. 대한민국의 모든 집회는 이 법에 따라 진행되어야 한다. 쇠고기
협상 무효화 촛불 집회는 첫째 미(未)신고 집회였고, 둘째 야간 집회금
지조항을 위반했으며, 셋째 도로 점거와 가두시위로 인해 교통을 방해
했다는 점에서 엄연히 집시법에 배치되는 불법 집회였다.

　　첫째 미신고 집회. 물론 촛불 집회의 주최 측은 이 집회가 야간
문화제라고 주장했다. 그러나 실제로 촛불 집회는 문화제의 성격을
벗어났다. 정치 구호('정권 퇴진')가 등장했고, 이런 내용을 담은 피켓
과 플래카드가 난무한 것으로 볼 때, 촛불 집회를 순수한 문화제로
보기는 어렵다. 집시법 6조에 따르면, 문화제를 제외한 모든 집회는
사전(事前)에 반드시 신고하도록 되어 있다.(6조, "옥외 집회나 시위를 주
최하려는 자는 〈···〉 신고서를 옥외 집회나 시위를 시작하기 720시간 전부터
48시간 전에 관할 경찰서장에게 제출하여야 한다.") 따라서 문화제로 보기 어
려운 촛불 집회는 미신고 불법 집회에 불과하다.

둘째 야간 집회. 집시법 10조는 야간 집회를 원칙적으로 금지하고 있으며, 예외적으로만 허용하고 있다.(10조, "누구든지 해가 뜨기 전이나 해가 진 후에는 옥외집회 또는 시위를 하여서는 아니 된다. 다만, 집회의 성격상 부득이하여 〈···〉 신고한 경우에는 〈···〉 해가 뜨기 전이나 해가 진 후에도 옥외집회를 허용할 수 있다.") 다만, 집시법 15조에서 문화 행사에는 10조의 규정을 적용하지 않는다고 했다.(15조, "학문, 예술, 체육, 종교, 의식, 친목, 오락, 관혼상제 및 국경 행사에 관한 집회에는 제6조부터 제12조까지의 규정을 적용하지 아니한다.") 곧 문화 행사의 경우에는 야간 집회가 허용된다. 촛불 집회가 촛불 문화제라는 미명(美名) 아래 진행되지만, 사실상 촛불 집회는 문화제가 아니다. 정치 구호가 넘실대는 촛불 집회는 문화제가 아닐 뿐더러 야간옥외불법집회일 뿐이다.

셋째 도로 점거와 가두 행진. 가두 행진은 경찰에 사전 신고하여 허가된 곳에서만 하게 되어 있다. 사전 신고한 곳을 벗어나 도로를 무단으로 점거한 채 경찰의 해산 명령에 불응하는 것은 불법이다. 그 경우에 경찰은 어쩔 수 없이 강제해산에 나설 수밖에 없다.(집시법 12조, "관할 경찰서장은 대통령령으로 정하는 주요 도시의 주요 도로에서의 집회 또는 시위에 대하여 교통 소통을 위하여 필요하다고 인정하면 이를 금지하거나 교통질서 유지를 위한 조건을 붙여 제한할 수 있다.")

집시법은 집회가 공공에 끼치는 피해를 최소화하기 위해 만들어졌다. 따라서 모든 집회는 집시법에 따라야 한다. 설사 평화적인 집회일지라도, 공공의 이익을 해친다면 문제가 될 수밖에 없다. 주최 측과 참가자들은 촛불 집회의 평화적 성격을 강조했지만, 평화적이라고 해서 불법이 용인될 수는 없다. 폭력을 사용하지 않고 타인의 물건을 훔쳤다고 죄가 성립하지 않는다고 말할 수 없는 것처럼 말이다. 야간 집회와 가두 행진은 소음을 유발하고 교통을 방해한다. 이 같은 행위는 분명히 공공의 이익을 저해한다.

과거 고(故) 효순이·미선이 추모 촛불 집회에 비춰 보더라도, 2008년의 촛불 집회는 불법임이 명백하다. 대법원은 그 당시 집회및 시위에관한법률 위반혐의로 기소된 김 모 씨('미군 장갑차 고 신효순·심 미선양 살인 사건 범국민대책위원회' 집행위원장)에 대해 징역 1년 6월에 집 행유예 2년을 선고한 원심을 확정했다. 법원은 "피고인은 촛불 집회가 추모 행사여서 관혼상제에 해당한다며, 신고가 필요한 집회가 아니라고 주장하지만 각 집회에서 반미(反美) 감정을 자극하고 노무현 정권을 비판하는가 하면, 이라크 파병 결정에 반대하는 등 정치 구호를 줄곧 주창한데다 미국 대사관으로 행진을 유도한 것이어서 순수한 추모의 범위를 넘어섰다."라고 판결 이유를 밝힌 바 있다. 정치 구호가 등장했고 청와대로의 행진이 시도됐다는 점에서 2008년의 촛불 집회 역시 신고가 필요하지 않은 단순 문화제로 보기는 어렵다.

촛불 집회는 실정법상으로 불법이나 헌법상으로 불법 아니다

첫째, 미신고 집회는 불법인가? 물론 집시법 6조에 따르면, 원칙적으로 모든 집회는 사전 신고를 해야 한다. 그러나 집시법의 내용은 겉으로는 신고제인 것 같지만 실제로는 '허가제'에 가깝다. 경찰의 자의적 판단에 따라 신고한 집회를 금지할 수 있기 때문이다. 집시법의 많은 조항이 "관할 경찰서장은 ··· 한 경우에 집회를 금지 또는 제한 통고"한다고 되어 있다. 이는 경찰 당국의 자의적인 법 집행이다. 집시법에서 가장 문제가 되는 부분도 바로 여기다. 이는 명백히 위헌적이다. 헌법은 집회의 사전 허가를 인정하지 않고 있다.(헌법 21조 2항, "언론·출판에 대한 허가나 검열과 집회·결사에 대한 허가는 인정되지 아니한다.") 집회의 자유라는 국민의 기본권을 제한하는 문제를 한낱 관할 경찰서장의 재량에 맡기는 것은 온당하지 않다.

앞에서는 '신고' 자체를 재고해 볼 필요가 있다는 문제를 제기했고, 이제부터는 '미신고' 문제로 논점을 옮겨보자. 2008년의 촛불 집회는 우발적 집회의 성격을 띠고 있었다. 시민들이 자발적으로 나오는 우발적 집회를 미리 신고한다는 것은 매우 어려운 일이다. 인원수뿐만 아니라 가두 행진의 경로가 우연적이기 때문이다. 그렇지만 집시법은 인원수, 가두 행진의 경로 등을 모두 신고하도록 되어 있다. 하지만 우발적, 산발적인 집회를 사전 신고해야 한다는 데에는 논란의 여지가 많다. 대법원은 1991년에 우발적 집회의 경우 사전 신고를 하지 않았다는 이유로 처벌할 수 없다고 이미 판결한 바 있다.("사전 계획에 없었던 우발적 집회 또는 시위에 불과하다 할 것이므로 사전에 이를 신고하지 아니하였다 하여 미신고 시위죄를 구성한다고 볼 수 없다.")

둘째, 야간 집회금지 위반인가? 경찰은 집시법 10조를 위반했다고 판단했다. 집시법 10조는 야간 집회를 원칙적으로 금지하고 있다. 하지만 이는 헌법과 명백히 배치되는 조항이다. 우리 헌법은 원칙적

6.10항쟁 촛불집회가 열린 2009년 6월 10일 오후 경찰이 청와대 진출을 막기위해 광화문 네거리에 쌓아놓은 컨테이너 장애물 앞에서 시민들이 피켓 등을 붙이고 있다. ⓒ연합뉴스

으로 집회의 자유를 보장하고 있다.(헌법 21조 1항, "모든 국민은 언론·출판의 자유와 집회·결사의 자유를 가진다.") 집회의 자유에는 집회 장소뿐만 아니라 집회 시간을 선택하는 것도 포함된다. 헌법이 원칙적으로 허용하는 것을 하위법인 집시법이 금지하거나 예외적으로 허용하는 것은 법 논리상 맞지 않다. 그러므로 집시법 10조는 야간 집회를 원칙적으로 허용하고 예외적으로 금지하는 내용으로 개정될 필요가 있다. 물론 헌법 37조에 따라 국민의 자유를 제한할 수 있다는 반론이 가능하다. 그러나 자유를 제한하는 경우에도 '자유의 본질적인 내용'을 침해해서는 안 된다.(헌법 37조 2항, "국민의 모든 자유와 권리는 국가안전보장·질서유지 또는 공공복리를 위하여 필요한 경우에 한하여 법률로써 제한할 수 있으며, 제한하는 경우에도 자유와 권리의 본질적인 내용을 침해할 수 없다.") 야간 집회를 금지하는 현행 법률이 원칙적 금지에서 예외적 금지로 바뀌어야 하는 이유다.

셋째, 도로 점거와 가두 행진은 불법인가? 경찰은 촛불 집회가 집시법 12조를 위반했다고 주장했다. 그러나 평화적인 집회를 교통 방해라는 이유를 들어 불법 집회로 몰아세워서는 안 된다. 촛불 집회의 목적은, 교통 방해에 있지 않고 국가가 책임져야 할 '국민 건강'이라는 국민의 기본권을 지키는 데에 있기 때문이다. 집회의 목적이 분명 공익적이었던 것이다. 촛불 집회는 사익을 위해 공익을 해치는 집회가 아니었으며, 반대로 공익을 위해 사익을 희생하는 집회였다. 시민들은 자진해서 밤을 새우고 경찰에 연행되는 불이익을 감수했다. 원활하게 교통하고자 하는 일부 시민들의 이익보다 '국민 건강'을 지키고자 하는 촛불 집회의 공익이 더 크다고 할 수 있다. 따라서 이를 불법으로 보기보다는 '시민 불복종 운동'[47]으로 볼 필요가 있다.

촛불을 든 시민들은 행진을 하고자 했을 뿐이다. 시민들이 행진하고 지나가면 교통은 자연스레 원활히 소통된다. 오히려 경찰이 도로에 컨테이너를 쌓았고, 경찰 버스로 도로를 막아 교통 흐름을 방해했다. 그뿐 아니라 경찰은 불법적인 도로 점거를 내세워 번번이 시위대를 강제로 해산시켰다. 헌법은 국가 안전이나 사회 질서를 위태롭게 하는 경우가 아니면 집회의 자유를 최대한 보장하고 있다. 촛불 집회는 국가 안전을 위협하지 않았고, 사회 질서를 흔들지도 않았으며, 공공복리에 해를 끼치지도 않았다. 단순히 도로를 점거했다는 이유로 시위대에 해산을 명령하거나 그 명령에 불응한다고 해서 강제 해산시켜서는 안 된다.

---

47 시민들이 정당성을 상실한 법을 의도적으로 어김으로써 처벌의 불이익을 감수하면서 법의 부당함을 폭로하는 비폭력 저항 운동

촛불 집회는
과격하고 폭력적인가?

 과격·폭력 시위로 인한 기물 파손, 전경 상해

2008년 6월 8일 촛불 집회에는 쇠파이프와 각목 등이 등장했다. 시위대가 경찰 버스를 밧줄로 묶어 대열에서 끌어낸 뒤 버스 사이에 고립된 10여 명의 전경을 향해 쇠파이프와 삽을 휘둘렀다. 6월 22일에는 한 시민이 경찰 버스의 연료통에 불을 지르려다 미수(未遂)로 그친 사건까지 발생했다. 경찰 버스를 부수고 경찰 버스에 불을 지르는 것이 바로 과격·폭력 행위다. 5월에서 6월까지 촛불 집회로 경찰 버스가 무려 58대나 파손됐고, 793점의 장비가 손상됐다. 188명의 전·의경이 부상당했으며 중상자는 무려 16명이나 됐다.(6월 23일까지의 경찰 집계) 이러한 폭력 행위로 볼 때 촛불 집회는 평화 집회가 아니었다. 일부에서는 집시법보다 상위법인 헌법을 근거로 촛불 집회가 불법이 아니라고 주장했다. 그러나 헌법이 보장하는 집회의 자유는 폭력의 자유가 아니다. 헌법은 비폭력·평화 집회를 보장할 뿐이다.

경찰의 강제 해산, 과잉 진압이 시위대의 폭력을 불러일으켰다는 주장도 사실이 아니다. 경찰이 군홧발로 서울대 여대생을 짓밟는 등의 행위를 저지른 것은 분명 잘못이다. 그러나 그밖에 것들은 정당한 공권력 행사였다. 촛불 집회가 불법인데도 경찰은 집회를 최대한 존중하고 보장했다. 다만 아침 출근 시간까지 밤샘 집회가 이어지자 교통 흐름을 위해 어쩔 수 없이 강제 해산에 나섰던 것뿐이다. 반복된 해산 명령에도 불구하고, 이를 따르지 않은 경우에만 불가피하게 강제 해산에 나섰다. 살수차 사용, 컨테이너 설치 등에 대해서도 과잉 대응이라는 비판이 있지만, 아무 때나 살수차를 사용하지는 않았다. 경찰 버스를 파손하거나 전복시키려는 등 심각한 상황에서만 사용했을 뿐이다. 또한 살수차 사용 계획을 미리 경고하고, 노약자 및 여성들에게 해산할 것을 미리 알렸다. 컨테이너 설치 또한 시위대와 경찰의 직접 충돌을 막기 위한 어쩔 수 없는 선택이었다. 컨테이너를 설치함으로써 충돌을 사전에 막아 인적·물적 피해를 줄일 수 있었다.

평화적이다 문화제로서 평화적으로 진행

과격·폭력 행위는 몇몇 시위대에 해당될 뿐이며, 일부의 문제를 전체의 문제로 확대해서는 안 된다. 중고생과 대학생, 회사원, 연인들, 유모차 부대, 가족 단위 참가자, 하이힐을 신은 젊은 여성, 백발이 성성한 촌로(村老), 예비군복을 입은 남성 등 집회 참가자들의 면면은 촛불 집회가 평화 시위임을 방증(傍證)하고 있었다. 특히 예비군복을 입은 남성들은 경찰과 시위대가 대치하는 중간에서 직접 충돌을 막기도 했다. 무엇보다 경찰과 시위대 간의 ‘아찔한 순간’에 어김없이 터져 나오는 ‘비폭력’ 구호가 바로 촛불 집회의 성격을 분명히 보여 주었다.

물론 6월 8일 집회에 쇠파이프가 등장했던 것은 사실이다. 그러나 이는 조직적으로 준비한 게 아니다. 일부 시위대가 인근 지하철 공사장에 있던 각목과 쇠파이프 10여 개 정도를 집어 들고 경찰과 맞섰을 뿐이다. 그날 집회에는 1만여 명 정도가 모였다. 쇠파이프를 든 사람은 고작 0.1%인 10명 정도에 지나지 않았다. 그날 이후 집회에서는 쇠파이프가 보이지 않았다. 집회가 절정에 이른 6월 10일 하루에만 10만 명(주최 측 추산 70만, 경찰 추산 10만 명) 이상이 모였는데도, 아무런 불상사가 일어나지 않았다. 6월 8일 우발적으로 등장한 쇠파이프에 대해서 네티즌과 시민들의 ‘비폭력’ 목소리가 커졌고, 그러한 목소리가 집회를 평화적으로 이끌었던 것이다. 6월 21일, 경찰 버스에 불을 지르려던 사람을 붙잡아 경찰에 넘긴 것도 시위 참가자들이었다.

그러므로 일부 세력의 폭력 행위를 이유로 집회 전체를 금지한 것은 헌법이 보장한 집회의 자유를 무시한 결정이었다. 집회에서 흔히 나타날 수 있는 소수의 폭력 행위를 이유로 집회 전체를 불법화해 금지한다면 헌법상의 집회의 자유는 쉽사리 제한되고 말 것이다. 폭력은 분명 잘못된 것이지만, 그 폭력이 조직적으로 이루어진 것인지 우발적으로 이루어진 것인지 잘 구분하여 판단할 필요가 있다. 뿐만 아니라 폭력은 시위대에서 먼저 시작했던 게 아니다. 경찰이 과격하게 진압하고 시민들이 이에 저항하는 과정에서 빚어졌던 것이다. 살수차로 인해 고막이 터지고, 전경이 방패와 발길질로 진압하는 것이야말로 '폭력'이다. 선량한 시민이 경찰의 군홧발에 짓밟혀서는 안 된다.

촛불 집회의
한계와 의미

촛불이 들불처럼 퍼진 데에는 정부가 국민의 목소리에 귀 기울이지 않은 측면도 있었지만, 의회가 국민의 뜻을 제대로 대의(代議)하지 못한 측면도 있었다. 정치권이 국민의 뜻을 제대로 반영하지 못할 때 국민은 직접 거리로 나서 자신의 목소리를 낼 수밖에 없다. 촛불 집회와 같은 방식을 통해 권위적인 정부를 향해 직접 시정(是正)을 요구한다.

그렇지만 촛불이 모든 것을 해결해 줄 수는 없었다. 이는 촛불 집회만의 문제는 아니며, 모든 '운동'(거리의 정치)이 지닌 근본적인 한계다. 이러한 시위 자체로는 대안을 만들어내지 못하기 때문이다. 거리에서는 법을 바꾸거나 만들 수 없다. 거리 정치는 제도 정치에 반영돼 입법화의 과정을 거쳐야만 정당성을 갖는 법안으로 제도화될 수 있다. 현대 민주주의는 대의 민주주의로서 의회를 통해 행정부를 견제할 수밖에 없다.

이러한 한계에도 불구하고 2008년의 촛불 집회는 정치 참여의 성격과 유형, 그리고 소통의 방식 면에서 여러 성과를 낳기도 했다. 시민들은 자발적으로 집회에 참여해 연대를 이루었고, 광장에서는 축제와 투쟁이 어우러졌으며, 온라인과 오프라인의 유기적 결합이 이루어졌다. 노트북과 카메라를 든 시민 저널리스트들은 현장의 모습을 실시간으로 전 세계에 전했다. 수백 개의 인터넷 방송이 집회를 생중계했고, 네티즌들은 토론방과 게시판, 메신저로 의견을 공유했으며, 현장에 있는 시민들은 휴대 전화를 이용해 정보를 나눴다. 이처럼 실시간으로 이루어지는 정보 공유와 토론, 의사 결정은 새로운 사회 운동의 모델을 보여 줬다.

촛불 집회에는 구심점이 없었다. 시민 단체는 이끌지 않았으며 단지 지원할 뿐이었다. 집회를 이끄는 사람은 다름 아닌 일반 시민이 었다. 우연한 방식으로 벌어지는 거리 행진만 보아도 다양한 개인들의 자발적인 참여를 금세 확인할 수 있었다. 지도부 없이 개인들이 의견을 주고받으며 거리 행진을 벌이기 때문에, 오합지졸(烏合之卒) 같은 모습을 보여 주기도 했다. 그런데도 이들은 물방울로 증발하기는커녕 거대한 '촛불의 강'을 이룬다. 그리하여 촛불 집회는 중앙대 진중권 교수의 말처럼 "개체로서 날아오르지만, 전체로서 아름다운 그림을 그리는 천수만 새 떼의 모습"을 닮아 있었다.

이렇듯 촛불 집회는 가벼움과 무거움이 함께하는 집회였다. 문화 행사와 각종 공연, 퍼포먼스 등이 집회를 수놓았다. 이런 분위기 속에서 자발적으로 참여한 다양한 개인들은 지도부가 지정한 구호가 아닌 '창조적인 구호'를 마구 쏟아 냈다. 물대포를 쏘는 경찰에게 '온

수, 온수!'를 연호하거나 '세탁비, 세탁비!'를 외쳤다. 집회 해산을 명령하는 방송에는 '개인기, 개인기!'를, 확성기를 든 경찰에게는 '노래해, 노래해!'를 연호했다. 버스에 올라온 시민을 제압하기 위해 덩달아 버스에 오른 경찰에게는 '춤춰 봐, 춤춰 봐!'를 외쳤다. 밤샘 집회가 새벽까지 이어질 때는 '배고파, 배고파!', '아침 줘, 아침 줘!'라며 웃음을 유발했다. 촛불 집회에는 절박한 목소리와 유쾌한 즐거움이 기묘하게 섞여 있었다.

이번 촛불 집회에서는 유난히 많은 청소년의 모습을 발견할 수 있었다. 이들의 '정치 참여'는 교과서를 통해서는 절대 배울 수 없는, 생동하는 민주주의이자 시민 문화의 발현이었다. 가장 훌륭한 교과서는 바로 '광장'이 아닐까. 2008년의 촛불 집회에 가보지 못한 사람이라면, 언젠가 다시 피어오를 촛불의 광장에 꼭 한번 가 보길 바란다. 헌법과 실정법의 충돌에서 우리는 어떤 자리에 서야 하는지, 촛불 집회의 과격·폭력성은 어느 정도인지 가서 직접 확인해 보자.

촛불 집회를 통해 사람들은 서서히 깨닫고 있었다. 촛불의 강이 아름답게 일렁이려면 비폭력의 강턱 아래로 흘러야 한다는 것과, 사람들은 생활의 문제를 들고 언제든 다시 광장으로 돌아와 소리칠 준비가 돼 있다는 것을. 광장의 기억은 힘이 세다.

부싯돌은 부딪칠수록 빛이 난다

작년 5월 촛불 집회가 시작된 이래, 촛불 시위와 관련해 연행된 사람이 무려 1558명에 이르렀다. 여기에 더해 정부는 앞으로 불법 시위에 연루된 시민 단체에 정부 보조금을 지급하지 않겠고, 이미 지급한 보조금은 환수하겠다는 방침을 밝혔다. 더 나아가 불법 시위 집단 소송제를 도입하여, 폭력으로 얼룩진 시위 문화를 개선하겠다고 했다. 한편 정부와 여당 일각에서는 집시법(집회및시위에관한법률)을 개정하고, 더불어 사이버 모욕죄를 신설하려는 움직임도 있었다. 검찰은 촛불 집회 주도자를 구속 수사했으며 조·중·동(조선일보, 중앙일보, 동아일보) 광고 중단 누리꾼과 광우병 보도를 한 PD수첩을 수사했다. 청와대는 방송통신위원장에 대통령 측근을 앉혔고 YTN, 한국방송광고공사, 스카이라이프, 아리랑 TV 사장에도 측근들을 앉혔다. 정연주 KBS 사장은 해임됐고 새 사장이 임명됐다. 새 정부 들어서 과연 표현의 자유와 집회·시위의 자유는 보장받고 있을까, 위협받고 있을까? 이번 시간에는 이 문제에 대해 같이 생각해 보도록 하자.

이명박,
낡은 스타일의 대통령?

영국의 경제 일간지 〈파이낸셜 타임스(FINANCIAL TIMES)〉 2007년 12월 12일자에는 다음과 같은 내용의 기사가 실렸다. "한국인들은 다음 주 낡은 스타일의 대통령을 뽑음으로써 정치의 시계를 거꾸로 돌릴 준비를 하고 있다."(South Korea looks set to turn back the political clock next week by voting in an old-style president.) 외신의 보도, 특히 서구 외신의 보도가 언제나 믿을 만하고 정확한 건 아니다. 때로 서구의 언론은 서구 중심적인 시각에서 세상을 재단하고 평가하기 때문이다. 어쩌면 '낡은 스타일의 대통령'(old-style president)이라는 진단 역시 서구 중심적인 시각의 결과인지도 모른다.

이명박 정권이 들어선 지 1년 반이 지나고 있다. 지난 1년 반 동안 정치적, 경제적, 사회적, 외교적으로 많은 변화가 있었다. 그중에서도 특히 집회나 언론, 인터넷 관련 분야는 엄청난 변화를 맞았다. 6개월 동안 우리가 확인한 대통령의 얼굴은 21세기에 어울리는 모습이었을까, 아니면 〈파이낸셜 타임스〉의 진단대로 21세기에 어울리지 않는 낡은 모습이었을까? 파이낸셜 타임스의 진단은 정확한 진단이었을까, 잘못된 진단이었을까? 집회·시위와 인터넷, 그리고 언론 이렇게 세 가지 측면에서 이명박 정권의 얼굴을 살펴보도록 하자.

집회·시위와 비판의 자유

> ● 쟁점 ●
>
> 촛불 시위 도중 연행된 사람이 1558명이다. 촛불의 열기가 누그러지기 시작할 무렵부터 시작된 집회·시위 주동자 검거가 빠른 속도로 진행됐다. 2008년 6월 30일 새벽, '광우병국민대책회의' 사무실이 압수 수색됐다. 1700여 개 시민단체, 인터넷 모임으로 구성된 '광우병국민대책회의'는 촛불 정국을 주도했다. 8월 14일에는 촛불 시위를 주도한 '진보연대' 박석운 상임운영위원장이 구속됐으며, 9월 8일에는 '환경운동연합' 사무실이 전격 압수 수색됐다.
>
> 그뿐 아니라 정부와 여당 일각에서는 집회와 관련해서 여러 입법을 준비 중에 있다. 우선은 불법 시위에 참여한 시민 단체에 준 보조금의 경우, 목적 외의 용도로 사용한 사실이 드러나면 이

---

48 한나라당 신지호 의원은 '비영리민간단체지원법 개정안'을 발의했다. 이 안에는 집시법(집회및시위에관한법률)을 위반해 벌금 이상의 형이 확정될 경우 해당 단체로부터 보조금을 환수하는 내용이 담겨 있다.

49 한나라당 성윤환 의원의 개정안에는 복면 등의 도구를 소지 또는 착용하거나 다른 사람에게 소지 또는 착용하게 하는 행위를 제한하는 내용이 포함되어 있다. 같은 당 안상수 의원의 개정안에는 현재보다 강화된 소음 기준이 포함되어 있다.

를 즉각 회수할 방침이라고 한다.[48] 이와 함께 집시법도 개정할 예정이다. 집시법 개정안에는 시위에서 복면 등의 착용을 금지하고 확성기 등을 사용하지 못하도록 하는 내용이 담겨 있다.[49] 마지막으로, 불법 시위 집단 소송제를 추진하려는 움직임도 있다. 이 제도는 불법·폭력 시위로 인해 집단적인 피해가 발생했을 때, 피해자 가운데 일부가 소송을 제기해서 피해를 확인받으면, 소송에 참여하지 않은 다른 피해자들도 동등하게 피해를 배상받을 수 있는 제도다.

<u>반대 측 입장</u> 촛불 시위 연행자가 무려 1558명에 이른다. "대검찰청 〈범죄백서〉에 나오는 집시법 위반 혐의 검거자가 2004년 1100명, 2005년 1354명, 2006년 1497명, 2007년 1316명이었던 점"(〈한겨레21〉 725호, 8월 25일)과 비교해 보면 실로 엄청난 숫자다. 국회의원(민주노동당 이정희 의원)이 연행되는가 하면, 심지어 초등학생까지 연행되기도 했다. 이는 시민들을 마구잡이로 연행했다는 증거다.

현행 집시법은 여러 한계를 지니고 있다. 야간 집회를 금지한 부분이 대표적이다. 현행 집시법이 야간 집회를 금지하는 상황이다 보니, 야간 집회를 포함해서 웬만한 집회는 다 불법이 되고 만다. 그런데도 집시법을 위반해 벌금 이상의 형이 확정됐을 때 무조건 보조금을 환수한다는 것은 어불성설이다. 보조금 환수 제도를 논의하더라도 현행 집시법의 잘못된 점을 고친 다음에 논의하는 게 바른 순서다. 그렇지 않다면 표현의 자유를 원천 봉쇄하는 결과를 낳게 된다.

게다가 정부의 돈을 받았다고 해서 정부의 정책이나 행정을 비판할 수 없다는 것도 말이 되지 않는다. '정부의 나팔수'가 되라는 뜻에서 정부가 지원금을 준 것은 아니기 때문이다. 정부의 정책이나 행정이 절대적으로 옳을 수는 없다. 정부도 실수를 할 수 있고, 잘못을 저지를 수 있다. 시민 사회 단체는 정부와 긴장 관계를 유지하면서 정부의 정책과 행정을 감시하고 비판해야 한다. 공익적 차원에서 정부의 정책이나 행정을 비판할 수 있는 것이다.

개정안의 내용에 따르면 시위 현장에서 복면 착용은 물론 복면을 소지하거나 다른 사람에게 착용하게 하는 행위까지도 금지하고 있다. 이는 시위 참가자들을 잠재적 범죄자('폭력 범죄자')로 간주한다는 점에서 과잉 조치로 볼 수 있다. 복면을 착용한 사람을 처벌하는 것 역시 현존하는 위험이 발생하면 처벌한다는 집시법의 본래 취지에 맞지 않다. 또한 소음 기준을 주거지역 및 학교의 경우 주간에는 55dB(데시벨) 이하로, 야간에는 50dB로 제한했다. 또 기타 지역의 경우에는 주간 70dB, 야간 60dB 이하로 제한했다. 이는 현행 주간 80dB, 야간 60dB보다 대폭 강화된 조건이다. 소음 규제로 표현의 자유를 침해해서는 안 된다.

불법 시위 집단 소송제를 도입한다면, 이는 집단 시위로 피해를 본 사람들의 재산권을 집회의 자유보다 우위에 두는 것이다. 하지만 집회의 자유는 헌법상 다른 기본권에 비해 우월한 지위에 있다. 이를 집회 및 시위로 인해 피해를 본 사람들의 재산권보다 아래에 두는 것은 다분히 위헌적이다. 더군다나 집회 및 시위로 피해가 발생할 경우,

그 책임을 일방적으로 집회 참가자에게 돌릴 수는 없다. 정부의 잘못으로 시민들이 거리로 나올 수도 있고, 경찰의 과잉 진압으로 피해가 커질 수도 있기 때문이다. 특히 집단 소송제는 대기업의 횡포를 막고 사회적 약자인 소비자의 권익을 보호하기 위해 만들어진 제도이다. 게다가 집단 소송제는 증권 분야에서만 부분적으로 시행되고 있을 뿐이다. 그런 제도를 사회적 약자가 마지막 수단으로 강구하는 집회 및 시위에 적용하는 것은 한마디로 난센스다. 이 제도가 도입된다면 집회와 시위의 자유가 위축될 것은 불 보듯 명확하다.

 촛불 시위에 참가한 사람들 숫자가 거의 100만 명에 육박한다.[50] 시위에 참가한 사람들의 숫자가 많기에 폴리스 라인[51]을 넘거나 폭력을 행사하는 등 불법을 저지른 사람들도 많을 수밖에 없다. 그러니 연행자 수가 많은 것은 당연한 결과다. 단순히 연행자가 많다고 해서 비판해서는 안 된다. 불법 행위가 발생하고, 공권력이 그 불법 행위를 규제하는 과정에서 연행자가 생겨났다면 문제될 게 전혀 없다.

"촛불 시위에 연루된 74개 단체가 올해 8억 원 이상의 정부 보조금을 배당 받았고, 불법 폭력 시위가 한창 기승을 부리던 5월 30일

---

[50] 경찰청이 2008년 9월 9일, 한나라당 이범래 의원에게 제출한 자료에 따르면, 촛불 집회가 시작된 2008년 5월 2일부터 8월 15일까지 총 106일 동안 촛불 집회에 참가한 사람의 숫자는 전국적으로 93만 2680명에 이른 것으로 집계됐다.
[51] '경찰 저지선'으로, 경찰이 현장 통제를 위해 허리 높이 정도로 쳐 놓는 노란 선을 가리킨다.

에 1차분으로 80%인 6억 5000만 원을 수령해 갔다."(한나라당 신지호 의원) 불법, 폭력 시위를 주도한 단체에 국민의 세금이 지원되는 것은 적절하지 않다. 국민의 세금이 불법을 싹틔우는 데 쓰여서는 안 된다. 불법과 관련된 단체에 지원된 보조금은 철저하게 회수하고, 공익성 있는 사업·단체에 보조금이 지원되도록 해야 한다. 정부를 비판하려 면 정부로부터 일체 지원받지 말고 해야 하는 게 마땅하다.

복면 착용을 금지한다고 해서, 시위 참가자를 잠재적 범죄자로 여기는 것은 아니다. 복면 착용 금지는 불법 시위가 폭력 시위로 물 드는 것을 사전에 차단하기 위해 강구됐다. 과잉 조치가 아니라 사전 조치로 이해해야 한다. 폭력 사태가 발생하면 사회적으로 엄청난 손 실과 피해를 낳게 된다. 그런 폭력 사태를 방지하기 위해서는 이런 조치를 마련해야 할 필요가 있다. 소음 규제 역시 표현의 자유를 제 한하기 위함이 아니다. 표현의 자유도 중요하지만, 마찬가지로 집회 와 무관한 일반 시민의 기본권도 중요하다. 그들의 기본권도 보장돼 야 한다.

KDI(한국개발연구원)가 내놓은 보고서(「불법·폭력 시위로 인한 사 회경제적 비용에 관한 연구 보고서」, 2006. 12.)에 따르면 불법 시위와 파 업으로 지불하는 사회적 비용이 한 해에 무려 12조에 달한다고 한 다. 2005년에 벌어진 집회 및 시위가 모두 불법일 경우 사회적 손실 비용이 12조 3000억 원에 이른다. 합법적이었다 해도 6조 9000억 원에 달한다. 이는 불법 집회 및 시위의 피해와 해악의 크기를 여 실히 보여준다. 2005년 1만 1036건의 집회와 시위로 발생한 12조

3000억 원의 사회적 손실 비용은 2005년 GDP(국내총생산)의 1.53%를 차지한다.

집회와 시위는 자유롭게 할 수 있지만, 그 과정에서 남에게 손해를 끼치면 책임을 지고 처벌을 받는 게 마땅하다. 집회의 자유는 무제한의 자유가 아니기 때문이다. 집회 및 시위로 피해를 보는 일반 시민들이 상당히 많다. 그런데 그 경우에 피해를 본 다수의 시민들이 개별적으로 소송을 제기하려면 여러 가지로 번거롭고 불편한데다, 소송을 하기에는 개인적인 피해 금액이 그리 크지 않기 때문에 소송을 포기하고 만다. 집단 사태로 인해 피해를 본 개인이 대부분 피해를 구제받기 위한 법적 권리 주장을 포기할 수밖에 없는 실정인 것이다.

인터넷과 표현의 자유

조·중·동[52] 광고 중단 운동을 벌인 누리꾼에 대한 수사가 대대적으로 이루어졌다. 첫 테이프는 대통령이 먼저 끊었다. 2008년 6월 17일 OECD(경제협력개발기구) 장관 회의 개회식 환영사에서 이명박 대통령은 "인터넷의 힘은 신뢰가 담보되지 않으면 약이 아닌 독이 될 수 있다"고 밝혔다. 그리고 며칠 뒤(6월 20일) 검찰은 김경한 법무부 장관의 특별 지시로 조·중·동 광고 게재 중단 운동을 벌이는 누리꾼들에 대한 수사 방침을 발표했다. 7월 8일에는 누리꾼 20명이 출국 금지당했고, 7월 16일에는 주동자('광고 중단 운동을 벌인 사이트, 카페 등의 운영진') 자택 등 8~9곳에 대한 전격적인 압수수색이 벌어졌다. 이어서 8월 20일 조·중·동 광고주 협박 혐의로 6명에게 사전구속영장이 청구됐고, 그중 2명이 구속됐다. 8월 29일에는 '조·중·동 광고 싣지 말기' 운동에 참여한 누리꾼 24명이 업무방해 혐의로 기소됐다.

인터넷에서 촛불 시위를 주도적으로 이끈 다음(Daum)의 토론방인 '아고라'도 철퇴를 맞았다. 우선, 서울 경찰청 사이버 범죄 수사대는 9월 2일 아고라에서 '권태로운 창'이라는 아이디로 활동하던 나 모 씨(48)를 미국산 쇠고기 수입 반대 촛불 집회를 주도한 혐의로 구속했다. 나 씨는 지난 5월 24일부터 지난달 17일까지 모두 40여 차례에 걸쳐 대책 회의와는 별도로 '대통령 탄핵' 등 촛불 집회를 주도하며 도로를 점거하고 진압 경찰관에게 돌을 던지는 등 폭력 시위를 벌인 혐의를 받고 있다. 이미 6월 16일에는 나우콤의 문용식 대표 이사가 구속되기도 했다. 나우콤은 인터넷상에서 촛불 시위를 생중계해 큰 인기를 얻은 사이트인 '아프리카(afreeca)'를 운영하는 회사다.

그뿐 아니라 정부와 여당은 형법 제311조의 모욕죄와는 별도로 '정보통신망법'에 '인터넷상에서의 사이버 모욕죄'를 신설하고 그 형량도 높이겠다고 밝혔다.(7월 22일 김경한 법무장관, 사이버 모욕죄 신설 검토 발표) 현행 형법상 모욕죄는 '1년 이하 징역 또는 200만 원 이하의 벌금'에 처하게 되어 있지만, 정보통신망법에 신설될 규정에는 온라인 공간에서 타인을 모욕한 행위에 대해 '2년 이하의 징역 또는 금고 또는 1000만 원 이하의 벌금'에 처할 수 있다.

---

52 조선일보, 중앙일보, 동아일보의 앞 자를 따서 부르는 명칭

 헌법에 따르면, 국가는 건전한 소비 행위를 이끌고 생산품의 품질을 높이기 위한 소비자의 행동을 보호해야 한다.[53] 광고 중단 운동은 누리꾼이 언론의 품질을 높이기 위한 정당한 촉구 행위였다. 이상한 것은 예전에 황우석 박사의 줄기 세포 연구가 문제됐을 때 〈PD수첩〉과 관련된 광고 중단 운동에 대해서는 검찰이 아무런 조치를 취하지 않았다는 점이다. 〈PD수첩〉은 2005년 황우석 박사의 줄기 세포 연구가 조작됐을 가능성을 방송한 뒤 누리꾼들의 집중 공격을 받았다. 누리꾼들은 〈PD수첩〉 제작진의 연락처와 신상 정보를 온라인에 공개·유포했을 뿐만 아니라, 〈PD수첩〉에 광고하는 기업들에 집단적으로 항의 전화를 걸어 광고를 중단하도록 압박했다. 2008년에 전개된 조·중·동 광고주 압박도 그때와 비슷한 형태로 진행됐다. 그러나 비슷한 두 사건을 대하는 검찰의 반응은 상당히 대조적이었다. 조·중·동 광고주 압박 운동을 바라보는 검찰의 시각은 '소비자 주권'보다는 '기업의 피해'에만 맞춰져 있는 듯했다.

촛불 시위를 주도한 다음의 아고라 토론장은 정권의 눈엣가시였다. 그 때문인지 다음은 특별 세무 조사를 받았고, 무려 40억에 달하는 추징금을 물어야 했다. 촛불 시위와 특별 세무 조사 시기가 묘하게 맞물렸다. 나우콤의 경우에도, 왜 하필 이 시점에서 구속됐느냐 하

---

[53] 헌법 124조 : "국가는 건전한 소비 행위를 계도하고 생산품의 품질 향상을 촉구하기 위한 소비자보호운동을 법률이 정하는 바에 따라 보장한다.", '소비자 기본법' 4조 : "소비자는 〈···〉 소비자 스스로의 권익을 증진하기 위하여 단체를 조직하고 이를 통하여 활동할 수 있는 권리가 있다."

민주당이 한나라당의 쟁점 법안 처리에 반대해 본 회의장을 점거한 가운데, 2008년 12월 26일 오후 국회 문방위 점거 시위를 벌이고 있는 민주당 문방위원들이 이날 시작한 언론노조 파업관련 회견문을 낭독하고 있다. ⓒ연합뉴스

는 점이 논란거리였다. 다음, 나우콤 모두 논란의 중심은 '시점'이다. 다른 6개 웹스토리지 업체 경영진과 함께 구속 기소됐다고는 하지만, 지금까지 저작권법 위반으로 인신(人身)이 구속된 경우는 처음이었다. 저작권법 위반과 관련해 가장 크게 문제가 됐던 '소리바다'와 '벅스뮤직'의 경우도 불구속 수사가 이루어졌다. 결국 7월 29일 문용식 대표 이사는 법원으로부터 보석 판정을 받고 풀려났다. 이로써 도주와 증거 인멸[54]의 우려가 없음에도 검찰이 무리하게 구속 수사를 강행했다는 사실이 드러났다.

또한 현행법상 형법에 '모욕죄'[55]가 있는데 이를 활용하지 않고 굳이 사이버 모욕죄를 새로 만들 이유가 없다. 개인의 명예와 인권을 침해하는 범죄에 대한 처벌은 지금의 형법만으로도 충분히 할 수 있다. 사이버 모욕죄 신설은 입법(立法)의 남용으로 과잉 금지 원칙에 위반된다. 더 큰 문제는 형법상의 모욕죄가 친고죄[56]라서 피해자의 고소가 없이는 애초에 처벌이 불가능하지만 사이버 모욕죄는 그렇지 않다는 점이다. 이는 형법 체계에도 맞지 않다. 정부와 여당은 사이버 모욕죄를 고소 없이도 처벌할 수 있는 반의사 불벌죄[57]로 규정해 수사기관이 일방적으로 기소, 처벌할 수 있는 길을 텄다. 이는 피해자가 고소를 하지 않아도 수사 기관이 임의로 개입해 처벌할 수 있다는 의

---

54 범인이 증거가 될 만한 것을 모조리 감추거나 없애 버리는 일
55 형법 311조 : (모욕) 공연히 사람을 모욕한 자는 1년 이하의 징역이나 금고 또는 200만 원 이하의 벌금에 처한다.
56 범죄의 피해자나 그 밖의 법률에서 정한 사람이 고소하여야 공소를 제기할 수 있는 범죄
57 反意思 不罰罪, 피해자가 원치 않으면 처벌할 수 없는 범죄

미로 해석된다. 피해자가 가해자를 고소해 처벌할 수 있는데도 사법
기관이 임의적으로 수사해 처벌할 수 있게 한 것은, 비판적 목소리를
원천적으로 막겠다는 것이다. 이같은 사이버 모욕죄가 생긴다면 악
용될 소지가 분명히 있다. 예를 들어, 대통령에 대해 사실을 지적하지
않은 채 단순히 비난만 해도 사이버 모욕죄가 성립한다면 이는 표현
의 자유와 근본적으로 충돌할 수밖에 없다.

 조·중·동에 대해서 직접 불매 운동을 하면 건전한 소비자 운동이겠지만 선의의 피해자를 만드는 방식은 분명 범죄다. 검찰은 구속영장을 청구하면서 미국, 독일, 프랑스 등 선진국의 관련 사례와 국제 협약의 관련 규정들을 참고했다. 외국의 판례와 입법 사례에 따르면, 2차 불매 운동은 엄연히 불법이다. 광고주 협박 사건의 경우, 신문사에 대한 직접적 불매 운동은 1차 불매 운동으로 불법이 아니지만, 광고주에 대한 불매 운동은 2차 불매 운동으로서 불법에 해당한다. 광고주, 즉 기업들은 광고를 제대로 할 수 없었을 뿐만 아니라 불매 운동으로 영업의 차질을 겪었다. 이는 명백한 업무 방해죄에 해당한다. 일각에서는 황우석 사태 때와 비교해 검찰 수사가 이중적이라고 비판하기도 한다. 그러나 이번 경우는 황우석 사태와는 그 성격이 전혀 다르다. 황우석 사태 때와 비교해 광고 중단의 움직임이 지속적이고 조직적이며 광범위했다. 수사와 관련해 다른 정치적 의도는 전혀 없다.

인터넷 포털 다음에 대한 세무 조사는 지난 5월 정기 세무 조사로 시작됐다. 당초 6월 중순까지 진행될 예정이었지만, 이후 특별 세무 조사로 변경됐고 두 차례 조사 기간이 연장됐다. 이는 형사 처벌이 가능한 중대한 과실이나 대규모 탈세 혐의를 전제로 연장한 것이지, 다른 정치적인 고려는 전혀 없었다. 뿐만 아니라 나우콤의 경우에도 이미 지난 3월에 고소장이 접수되면서 수사를 진행해 온 사안이다. 그리고 이때는 나우콤 대표뿐만 아니라 다른 6개 웹스토리지 업체 경영진도 함께 구속 기소됐다. 특별히 나우콤(아프리카)만을 표적

수사한 게 아니다.

인터넷에서 누리꾼의 표현 수위는 대단히 위험한 수준에 이르렀다. 사이버 모욕 행위는 익명성 때문에 죄질(罪質)이 더 나쁜 경우가 많다. 익명성을 이용해 타인에게 고통과 피해를 주는 행위가 도를 넘어서고 있는 것이다. 그런데도 정보통신망법의 명예훼손죄는 가중 처벌 규정이 있는 반면, 모욕죄는 별다른 가중 처벌 규정이 없다. 또 형법에서 모욕죄는 형량이 너무 적을 뿐 아니라 친고죄로 규정돼 있다. 익명성이라는 인터넷의 특수성을 감안한다면, 더욱 강력한 처벌 수단이 요청되는 이유다. 따라서 형법에 비해 형을 가중하거나 친고죄 부분을 삭제하는 것은 잘못이 아니다. 얼굴도 이름도 감춘 채 뒤에서 마구 욕하는 사람들이 스스로 나아질 것으로 기대하기는 어렵다. 인터넷의 자정(自淨) 기능에 모든 걸 맡겨둘 수는 없다.

방송과 언론의 자유

"검사 한 명에게 맡겨 두세 달 수사할 성격의 것은 아니다."(최교일 서울중앙지검 1차장검사) 6월 26일 검찰은 검사 5명으로 PD수첩 수사팀을 구성한다고 발표했다. 검찰은 여러 번 PD수첩 관계자들에게 소환을 통보했고, PD수첩 측에 취재한 자료를 전부 제출할 것을 요구했다. 관련자들이 출석과 자료 제출에 응하지 않자 체포 영장 발부를 언급하기도 했다. 한나라당 홍준표 원내

대표는 "검찰이 수사해서 진실을 밝히고 일벌백계로 처리해야 된다."고 말했다.(6월 26일) 뿐만 아니라 방송통신심의위원회는 7월 16일 광우병의 위험성을 보도한 PD수첩에 대해 '시청자에 대한 사과'라는 중징계를 내렸다.

MBC가 PD수첩 수사로 시끄러웠다면, KBS는 정연주 사장 문제로 시끄러웠다. 5월 21일 감사원은 KBS에 대한 특별감사에 착수했다. 감사를 마친 뒤 감사원은 "정 사장은 2004~2007년까지 1172억 원의 누적 사업 손실을 초래하는 등 취임 전까지 흑자이던 KBS의 재정 구조를 적자구조로 고착화시켰다."며 "타당성이 없는 방송 시설 투자 사업을 추진해 사업비를 낭비한 사실이 적발되는 등 비위 정도가 현저하다고 인정해 KBS 이사회에 해임을 요구했다."고 발표했다. KBS 전 직원의 고발로 수사를 시작한 검찰은 2008년 6월 16일 정 사장에 첫 번째 소환을 통보했다. 정 사장이 이에 응하지 않자, 8월 2일 정 사장을 출국 금지했다. 8월 5일 감사원이 정 전 사장 해임을 요구했고, 8월 8일 KBS 이사회에 경찰이 투입된 가운데 이사회는 정 사장의 해임을 의결했다. 8월 12일 정 사장은 결국 검찰에 체포됐고, 8일 뒤 배임 혐의로 불구속 기소됐다.

마지막으로, YTN을 비롯한 여러 방송사와 공기업 등에 이명박 대통령의 측근들이 줄줄이 사장으로 임명되기도 했다. 아리랑 TV, 스카이라이프, 한국방송광고공사 등이 대표적이다.

<u>반대 측 입장</u> 두세 달 수사할 성격이 아니다? 이미 어떤 저의를 가지고 PD수첩을 수사하겠다는 뉘앙스가 느껴진다. 검찰은 수사를 핑계로 PD수첩 측에 취재한 자료 원본을 전부 제출할 것을 요구했다. 이는 방송의 편성권과 독립성을 심각하게 침해하는 요구였다. 취재 원본 공개는 언론 자유의 문제와 밀접히 관계된다. 인터뷰 내용이 손쉽게 삼자(여기서는 검찰)의 손에 들어갈 수 있다면, 누가 나서서 인터뷰에 응하겠는가?

감사원법에는 비위(非違)[58]가 현저하다고 인정될 때 감사원이 해임을 요구할 수 있다고 규정하고 있다.[59] 그런데 감사원이 지적한 적자 누적 및 방만 경영 등의 해임 요구 사유는 '경영 부실'에 대한 것일 뿐 '현저한 비위'에 대한 것은 아니었다. 따라서 감사원의 해임 요구는 애초에 성립할 수 없었다. 그 이전에 검찰, 국세청 등이 정연주 사장을 물러나게 하려고 조직적으로 나섰다. 정 사장의 개인 비리를 캐는 등 여러 사전 작업을 벌였지만 여의치 않자 마지막으로 감사원이 칼을 빼들었던 것이다. 어느 모로 보나 정권 차원에서 KBS 사장을 교체하기 위한 치밀한 작전이 있었다고 볼 수밖에 없다. 그러나 작전의 결과는 예상을 빗나가고 말았다. 2009년 8월18일, 서울중앙지법 형사합의22부(재판장 이규진)가 회사에 1892억 원의 손해를 끼친 혐의로 기소된 정연주 전 사장에게 무죄를 선고했다. 1심 재판이

---

[58] 법에 어긋남. 또는 그런 일
[59] 감사원법 32조 9항 : "임원이나 직원의 비위가 현저하다고 인정한 때에는 그 임용권자 또는 임용제청권자에게 해임 요구를 할 수 있다."

긴 하지만, 이 판결로만 보자면 정연주 전 사장에 대한 검찰의 기소는 무모했다고밖에 볼 수 없다.

새 정권 들어 대통령 직속이 된 방송통신위원회는 막강한 권한을 행사하고 있다. 기존의 방송위원회의 기능과 정보통신부의 기능에 문화부가 가지고 있던 방송 정책권까지 총괄하게 됐다. 이명박 대통령은 이런 방송통신위원회 위원장에 최시중 씨를 앉혔다. 그는 이명박 대통령의 최측근으로 알려진 인물이다. 이명박 대통령의 친형인 이상득 의원의 절친한 친구이자 이 대통령의 멘토(mentor, 정신적 스승)로 세간에 알려져 있다. 대선 당시 최시중 씨는 이명박 후보 선거 캠프의 상임 고문이었고, 선거 캠프의 최고 결정 기구인 6인회 멤버이기도 했다.

방송통신위원장을 시작으로 이명박 정부는 본격적인 언론 장악 행보를 보였다. 2008년 5월 30일 YTN 사장에 구본홍 선거대책위원회(이하 '선대위') 방송상임특보를, 6월 6일 아리랑 TV 사장에 정국록 선대위방송특보를, 6월 16일 스카이라이프 사장에 이몽룡 선대위방송특보를, 6월 16일 한국방송광고공사 사장에 양휘부 선대위 방송특보단장을 줄줄이 앉혔다.

<u>정부 측 입장</u> "언론의 생명은 진실 보도에 있는데 PD수첩이 광우병 왜곡 보도를 했다."(한나라당 홍준표 원내대표) PD수첩은 자막을 왜곡했다. 이는 담당 번역자인 정지민 씨에 의해 이미 공개된 사실이다. 전체적인 상황을 보면 과오('단순한 실수')가 아니라 고의('의도적 왜곡')로 보인

다. 검찰의 수사를 통해 진실을 명명백백하게 밝히고 일벌백계로 처리해야 한다.

정 사장은 지난 정권(노무현 정권) 때 임명된 대표적인 코드 인사[60]였다. "정 사장 재임 동안 KBS의 경영은 부실해졌고 방송의 공정성은 약화됐다. 그러므로 정 사장 해임과 신임 사장 임명은 KBS를 다시금 국민과 KBS 구성원의 품으로 돌려주기 위한 일이었다." (한나라당 나경원 의원) KBS의 경영 부실에 대해서 감사원은 정 사장이 2004~2007년까지 1172억 원의 누적 사업 손실을 초래하는 등 흑자이던 KBS의 재정을 적자로 돌려놓았다고 발표했다. 감사원은 정 사장이 타당성이 없는 방송 시설 투자 사업을 추진해 사업비를 낭비하는 등 비위 정도가 현저해 KBS 이사회에 해임을 요구했다. 그 결과 이사회가 해임을 의결해 대통령이 해임을 결정했을 뿐이다. 새로 임명된 이병순 신임 사장은 이명박 대통령과 별다른 관련이 없다. 청와대는 KBS 사장 인선에 개입하지 않았다. 그런 점에서 KBS는 지난 정권과 비교해 오히려 정치적으로 보다 중립적이 됐다고 볼 수 있다.

여러 방송사에 대한 인사는 정치적 고려라기보다는 능력에 따른 인사로 봐야 한다. KBS, YTN, 스카이라이프, 아리랑 TV 등의 인사는 결코 낙하산 인사(人事)[61]가 아니다. 그들은 모두 전문성을 갖추고

---

60 정치적, 이념적 성향이나 사고 체계 따위가 같거나 비슷한 사람을 관리나 직원으로 임명하는 일. 또는 그런 인사

61 해당 기관의 직무에 대한 자질이나 능력, 전문성과 관계없이 임명권자가 측근 등을 해당 기관의 장으로 임명하는 일. 이 말은 비행기에서 낙하산을 떨어뜨리듯이 무작위로 기관장을 낙점한다는 데서 유래했다.

있다. YTN 구본홍 사장은 기독교 TV 부사장을 역임했고, 아리랑 TV 정국록 사장은 전(前) 진주 MBC 사장을 역임했다. 다른 사람들도 오랫동안 언론계에서 일해 온 전문가다. 단지 대선 캠프에 몸담았다는 이유만으로 능력 있는 인사(人士)를 배제하는 것은 적절하지 않다.

정당한
법치(法治)를 위하여

촛불 시위를 벌인 측에서는 애초에 잘못된 쇠고기 협상이 촛불 시위를 낳았다고 주장했다. 시위에 관한 불법, 폭력 논란도 협상의 문제점과 비교하면 대수롭지 않다고 주장했다. 반대편에서는 협상의 잘잘못을 떠나 폭력, 불법 시위에 대해서는 확고하면서도 일관성 있게 대처해야 한다는 의견을 폈다. 두 주장은 평행선을 달렸다. 어느 한쪽이 절대적으로 옳다고 말할 수는 없을 것이다. 다만, 불법, 폭력 시위에 대해서 엄정한 법집행을 부르짖는 정부의 태도는 짚어 볼 필요가 있겠다.[62]

현 정부에 묻는다. 촛불 시위에 대해 '법대로'를 외치는 정부는 언

---

62 이명박 대통령은 다음과 같이 말했다. : "법치가 매우 중요하다. 예외가 없다. 어떤 어려움이 있어도 법과 질서가 지켜지는 사회를 만들겠다."(8월 20일, 한나라당 지도부 청와대 초청 만찬) "우리 사회에서 법과 질서를 준수하는 준법정신이 취약하다. 법과 절차를 무시하고, 떼를 쓰면 된다고 생각하는 의식도 아직 가시지 않고 있다. 어떤 이유에서든 법치를 무력화하려는 행동은 더 이상 용인하지 않을 것이다."(8월 25일, 한국법률가 대회 축사) 대통령이 '준법'이라는 이름으로 으름장을 놓은 지 얼마 안 돼서 김경한 법무부 장관은 다음과 같이 말했다. : (촛불 시위 동안 입건 및 구속된 불법 행위자들에 대한 처벌 방침은?) "단속이 된 사람에 대해서는 아주 중하게 처벌하려고 한다. 구속자들은 물론 불구속자들도 기소 및 고액 벌금을 과한다든지 딱 기준을 정해 엄정 처리할 방침이다."(8월 27일, 동아일보 인터뷰)

제나 '법대로'였는가? 현 정부가 얘기하는 법치는 과연 공정하고 정의로운가? 이명박 후보가 대통령으로 당선되기 전에 저지른 위장 전입, 탈세 등의 불법과 비교하지는 않겠다. 대통령이 되기 전의 일은 자연인 이명박의 과거로 덮어두기로 하자. 다만 대통령이 되고 나서는 어땠나? 법에 정해진 공공기관 기관장의 임기를 무시하고 사표 제출을 압박한 것이 과연 '법대로'였을까? 이명박 정부는 302개 공공기관 가운데 임기 만료 또는 공석(空席) 중인 기관장을 제외하고 모두 236명에게 사표를 요구해 200명에게 사직서를 받아냈다. '한국방송공사'(KBS)도 빼놓을 수 없겠다. 정연주 전임 사장을 해임하기 전에 검찰 수사, 감사원 감사 등을 통해 KBS에 대한 전방위 압박을 가했다.

정부가 '법대로'를 얘기하려면 최소한 일관성을 가져야 한다. 만약 일관성을 잃어버리면, 다시 말해 이중성을 드러내면 그때 법은 '폭력'과 다르지 않다. 법을 자기 입맛에 맞게 해석해 자기에게 유리하면 합법, 불리하면 불법으로 본다면 이는 '공정한 법'이 아니라 '일방적 폭력'에 지나지 않는다. 그때의 '법치'는 '정당한 법치'가 아니라 '거꾸로 법치'에 불과할 것이다.

그저 조그만 잘못으로, 비판적인 생각을 가진 사람들을 마구 잡아들이고 수사하고 감옥에 처넣는 '과잉 범죄화'는 민주주의 사회에 결코 어울리지 않는다. 그런 일은 권위주의 사회에서나 일어날 법하다. 비판적인 생각을 억압할수록 그 생각은 더욱 밝게 빛나 세상을 환히 비출 것이다. 부딪칠수록 빛나는 부싯돌처럼 말이다. "우리들의 부싯돌은 부딪칠수록 빛이 난다."(볼테르)

나는 너의 얼굴이 보고 싶다

피의자 얼굴 공개, 혹은 인권과 알 권리의 힘겨루기

2008년 봄, 한 명의 연쇄 살인범으로 온 나라가 떠들썩했다. 피의자 강호순은 지금까지 밝혀진 것만 여덟 명에 달하는 부녀자를 납치·살해했다고 한다. 한 달 사이에 무려 다섯 명의 부녀자를 납치·살해한 적도 있다고 한다. 극악무도한 범죄 앞에서 피의자 강호순의 얼굴을 공개해야 한다는 주장에 힘이 실렸다. 이번 시간에는 '피의자 얼굴 공개'에 대해서 생각해 보기로 하자.

얼굴 공개에 따른
공익과 사익의 충돌

1990년대까지 국내 언론은 살인 등 강력 사건 피의자의 얼굴을 공개해 왔다. 그러다 2004년부터 인권 수사가 강조되면서 경찰은 피의자의 얼굴과 신원이 언론에 노출되는 것을 막아 왔다. 그때부터 피의자의 얼굴이 불가피하게 언론에 노출될 때는 모자와 마스크를 씌워 주는 관행이 생겨났다.

그런데 연쇄 살인 사건의 피의자 신분이었던 강호순의 사진이 언론에 공개되면서 논란이 일었다.[63] 2009년 1월 31일에 〈조선일보〉와 〈중앙일보〉가 강호순의 얼굴 사진을 싣자, 2월 2일에는 〈동아일보〉, 〈국민일보〉, 〈서울신문〉 등 대다수의 신문사가 뒤를 이어 얼굴을 공개했다. 이에 〈한겨레〉와 〈경향신문〉, 〈한국일보〉는 피의자 얼굴 공개에 대한 반대 입장을 밝히고 얼굴을 공개하지 않았다.

피의자의 얼굴 공개를 주장하는 쪽에서는 국민의 알 권리 보장, 추가 목격자 및 제보 확보, 범죄에 대한 경각심 고취 등을 이유로 들었다. 반면에 피의자의 얼굴 공개를 반대하는 쪽에서는 피의자의 인권 보호, 무죄 추정의 원칙, 여론 재판의 금지 등을 근거로 내세웠다. 여러 문제가 복잡하게 부딪치고 있는 것 같지만, 쟁점을 간단히 정리하면 '공익(公益)과 사익(私益)의 충돌'로 요약할 수 있다.

피의자 인권의 보호와 국민 알 권리의 보장

<u>얼굴 공개 찬성 입장</u> 극단적으로 이렇게 주장하는 이들도 있다. 인권은 그것을 누릴 자격이 있는 사람에게만 보장돼야 한다고. 인간이기를 포기한 흉악범의 인권까지 보호하는 것은 오히려 인권의 가치를 훼손하는 일이라고. 다시 말해 피해자의 인권이 이미 처참하게 짓밟힌 상황에서 피의자의 인권만을 보호한다면, 이는 어불성설(語不成說)이라는 것이다. 물론 이 같은 주장은 다소 극단적이다.

백보 양보해서 흉악범의 인권도 소중하므로 보호하는 게 옳다고 치자. 하지만 그들의 범죄 행위가 사회적으로 큰 파장을 일으켰다면, 국민의 알 권리라는 공익을 위해 피의자의 기본권을 어느 정도 제한할 수 있다. 여기에서 알 권리란 국민 개개인이 정치·경제·사회 등에 관한 정보를 자유롭게 알 수 있는 권리를 말한다. 국민은 범죄 사실에 대한 알 권리도 가지고 있다. 사회적으로 큰 충격을 준 흉악범의 경우, 피의자의 권리보다 국민의 알 권리가 우선한다고 볼 수 있다. 자의

---

63 강호순은 2009년 7월 23일, 서울고법에서 사형을 확정 받았다. 강호순의 얼굴이 공개된 것은, 재판이 시작되기 전인 피의자 신분이었을 때다.

또는 타의에 의해 공적 인물이 된 사람의 경우, 프라이버시권보다 알 권리를 앞세울 수 있기 때문이다. 정치인이나 연예인 등이 여기에 속한다. 이들은 피의자의 초상권[64]과 관련해서 예외에 속한다. 마찬가지로 지명 수배자나 무기 탈취범 등도 같은 이유에서 초상권을 인정받지 못하고 있다. 이와 같은 관점에서, 흉악범 역시 공적 인물에 속한다고 볼 수 있다. 따라서 수사 내용이나 재판 내용뿐만 아니라 피의자에 관한 정보 역시 국민의 알 권리 보장 차원에서 공개될 수 있는 것이다. 또한, 이 사건에는 사회적인 관심이 집중되어 있었다. 이 사건으로 큰 정신적 피해를 입은 유가족이나 국민들은 누가 그런 끔찍한 일을 저질렀는지 알고 싶어 할 수밖에 없다. 그러므로 사회적 혼란을 불러일으킨 피의자의 얼굴을 국민에게 공개하는 것은 온당하다.

얼굴 공개 반대 입장 피의자의 얼굴이나 신상 공개는 '도대체 어떤 사람이 그런 끔찍한 일을 저질렀을까' 하는 사람들의 궁금증을 채워준다. 하지만 이는 단순한 호기심의 충족에 머물 뿐이다. 국민에게는 알 권리가 있지만, 그것이 모든 사실을 알아야 할 권리를 의미하는 것은 아니다. 범죄의 양태나 경위 등 범죄와 관련된 사실을 알 권리는 있겠지만, 피의자의 얼굴과 이름까지 알아야 할 권리는 없다. 국민의 알 권리가 타인의 사생활에 함부로 적용될 수는 없기 때문이다.

단순한 호기심을 알 권리라는 구실을 내세워 채우려 하는 건 아닌지 되돌아보자. 더군다나 마땅히 지켜야 할 인권의 가치까지 훼손하면서 호기심을 충족하는 것은 옳지 않다. 대법원 판례에 따르면,

'범죄' 보도의 공공성은 인정해도 '범죄인' 보도의 공공성까지 인정하지는 않는다. 다시 말해 범죄와 범죄인을 철저히 분리하는 것이다. 다만 공적 인물이 범죄를 저질렀거나 신원을 밝히지 않고서는 기사 작성이 곤란한 경우, 또는 범인 검거의 필요성과 급박성이 인정되는 때에 한해서 실명 보도가 허용될 수 있다고 본다.[65] 일반적으로 피의자나 피고인은 정치인이나 연예인과 같은 공적 인물이 아닐 뿐더러, 아직 형이 확정되지도 않았기 때문에 범죄인도 아니다. 대법원 판례가 범죄인 보도의 공공성을 인정하지 않는다면, 범죄인처럼 형이 확정되지도 않은 피의자나 피고인 보도의 공공성도 당연히 인정하지 않는다고 보아야 할 것이다.

피의자가 어여뻐서 그의 인권을 보장하자는 게 아니다. 마찬가지로 피의자를 무조건 용서하거나 옹호하자는 것도 결코 아니다. 피의자의 인권은, 모든 사람에게 보장된 보편적 인권의 연장선상에 있을 뿐이다. '인권'은 그 대상을 불문하고 모두가 누릴 천부적 권리이기 때문이다.[66] 피의자에게도 엄연히 '인권'이 있다. 자기 얼굴, 자기 이름 등을 공개할지에 대한 자기결정권이 있는 것이다. 따라서 피의

---

64 자기의 초상(사진이나 그림 등에 나타낸 사람의 얼굴이나 모습)에 대한 독점권. 인격권의 하나로, 자기의 초상이 승낙 없이 전시 또는 게재됐을 경우에는 손해 배상을 청구할 수 있다.
65 대법원 판례는 "대중매체의 범죄 사건 보도는 공공성이 있는 것으로 취급할 수 있으나 범죄 자체를 보도하기 위해 반드시 범인이나 범죄 혐의자의 신원을 명시할 필요는 없다"라며 "(범죄를 저지른) 원고들이 공적인 인물이 아닌 이상 일반 국민들로서는 범죄를 저지른 범인이 바로 원고들이라고 하는 것까지 알아야 할 정당한 이익이 있다고 할 수 없다"고 밝히고 있다.(사건 번호 96다17257, 1998년 7월 14일 선고)
66 "모든 국민은 인간으로서의 존엄과 가치를 가지며, 행복을 추구할 권리를 가진다. 국가는 개인이 가지는 불가침의 기본적 인권을 확인하고 이를 보장할 의무를 진다."(헌법 10조)

자나 피고인의 신상 정보가 함부로 공개돼서는 안 된다. 백보 양보해서 범죄자가 자신의 잘못으로 인해 얼굴 공개의 불이익을 감수해야 할지라도, 그 가족이나 주변 사람이 겪어야 할 피해도 생각해 봐야 한다. 강 씨에게는 세 명의 아이들이 있는데, 이 아이들의 사진이 인터넷에 이리저리 떠돌아다녔다. 아이들이 무슨 죄가 있나? 아버지의 범죄를 사전에 알고 있었던 것도 아니고 공모했던 것도 아닌데 말이다. 피의자의 신상 공개는 이와 같이 돌이킬 수 없는 상처를 그 가족과 주변 사람에게 줄 수 있다. 가족이기 때문에 어쩔 수 없이 겪어야 할 고통이라고 말하는 것은 너무 무책임하다. 우리 헌법은 엄연히 연좌제(連坐制)[67]를 금지하고 있다.[68]

추가 목격자 및 제보 확보 등 공익적 목적

얼굴 공개 찬성 입장 피의자의 얼굴은 범죄의 사회적 해악성(害惡性)을 고려해 공익과 사익을 비교, 판단한 뒤 공개해야 한다. 이번 사건의 경우, 공개를 통한 사회적 이익이 더 컸다고 할 수 있다. 앞에서 지적한 국민의 알 권리 외에도 추가 목격자나 제보를 확보하고, 사회에 경각심을 높이는 효과를 거둘 수 있기 때문이다. 특히 강호순은 구속된 이후에도 추가 범행과 피해자가 연쇄적으로 밝혀져 충격을 주었다. 이런 상황에서 얼굴을 공개하면 또 다른 피해자나 목격자로부터 범인의 행적에 관한 증언이나 증거의 확보가 가능해진다. 추가 범죄 사실을 밝혀내려면 검찰의 추궁만으로는 부족하다. 증언과 증거는 필수적이다. 또한, 이런 사건이 재발하지 않도록 잠재적 범죄자들에게 경각심을 갖게 하는 효과도 있다. 따라서 범죄 증거가 명백하고 범죄 방지의 공익이 크다면 피의자의 얼굴은 공개하는 게 맞다.

물론 단순 절도 피의자의 경우에는 프라이버시를 침해하면서까지 공익을 우선시할 수는 없을 것이다. 얼굴을 공개할 때 얻을 수 있는 사회적 이익이 그리 크지 않기 때문이다. 반면에 탈옥수나 수배자, 무기 탈취범 등의 얼굴 공개는 범죄자의 프라이버시보다 공익이 우선되기에 가능하다. 많은 사람으로부터 범죄에 대한 제보를 확보하고 그들에게 범죄의 위험을 경고하기 위해서다.

반대편에서는 피의자의 얼굴 공개가 당사자에게 불리하게만 작용할 것처럼 주장한다. 하지만 피의자의 얼굴 공개가 피의자 본인에게 꼭 부정적이지만은 않다. 경우에 따라서는 오히려 피의자에게 이로울 수도 있다. 가령 피의자의 얼굴이 공개되면서 피의자의 알리바이[69]를 입증해 줄 수 있는 목격자가 나타날 수도 있고, 범죄를 저지르지 않았다는 증거가 나올 수도 있는 것이다.

얼굴 공개 반대 입장 만약 강 씨가 무기 탈취범처럼 당장 사회에 큰 피해를 줄 수 있는 경우라면, 추가 범죄를 막기 위해 신속하게 검거해야 하

---

67 역사적으로 범죄자와 일정한 친족(親族) 관계가 있는 자에게 연대적으로 그 범죄의 책임을 지우는 제도
68 "모든 국민은 자기의 행위가 아닌 친족의 행위로 인하여 불이익한 처우를 받지 아니한다."(헌법 13조 3항)
69 범죄 현장 이외의 장소에 있었다는 사실을 증명하는 것

므로 얼굴을 공개하는 게 옳다. 그러나 강 씨는 도주 중에 있지 않았고 유치장에 갇혀 있었다. 게다가 조만간 사형을 선고받을 확률이 매우 높아 보였다. 앞으로 강 씨는 사회와 철저하게 격리되어 (탈옥을 하지 않는 한) 다시 범죄를 저지를 가능성은 없다. 즉 강 씨가 이미 잡혀 있기 때문에 얼굴을 공개하더라도 얻을 수 있는 실익(사회적 이익)이 미미한데도 불구하고 얼굴을 공개해야 한다는 주장에는 타당성이 없다. 고작 시민들의 분노를 해소하고 호기심을 충족시켜 주는 일을 공익으로 포장하고 있는 건 아닐까?

강 씨의 얼굴 공개에 찬성하는 쪽에서는 목격자 확보 등을 이유로 내세우고 있다. 하지만 그런 불투명한 성과를 위해 아직 형이 확정되지도 않은 피의자의 얼굴을 함부로 공개하는 것은 득보다 실이 더 많을 수 있다. 여기에서 "열 명의 범죄자를 놓치더라도 한 명의 인권을 보호해야 한다."는 격언을 되새길 필요가 있다. 범죄자를 잡는 일이 중요하더라도, 인권의 가치를 훼손하면서까지 범죄자를 잡아들일 수는 없다는 뜻이다. 경각심 제고도 그 효과가 매우 의심스럽다. 피의자의 얼굴을 공개한다고 해서 범죄 예방의 효과가 얼마나 있을까? 잠재적 범죄자들이 '얼굴 공개'가 두려워 과연 범죄를 저지르지 않을까?

얼굴 공개 여부를 판단하기에 앞서 공익과 사익을 비교해 보자는 상대편의 논리도 전제 자체가 성립되지 않는다. 재판이 끝나 형이 확정된 경우라면 모를까, 아직 피의자 단계에 있는 사람을 두고 공익과 사익을 비교한다는 것 자체가 어불성설이다. 범죄자로서 형이 확정됐다면, 범죄자의 사익과 사회의 공익을 비교할 수 있겠지만, 피의자 단계에서는 아직 범죄자라고 말할 수 없기 때문에 이런 비교 자체가 성립할 수 없는 것이다.

강 씨의 얼굴을 공개하면서 언론사들은 하나같이 공익을 앞세웠다. 그러나 이들이 추구하는 것은 공공의 이익이라기보다는 신문 판매 부수와 방송 시청률을 높이려는 사익이 아닌지 의심스럽다. 피의자의 얼굴 공개는, 언론사들이 내세우는 것처럼 공익을 증진하기는커녕 오히려 공익을 저해하는 결과를 낳지 않을까? 결과적으로 사회 전반의 인권 의식을 떨어뜨린다는 점에서 공공의 이익을 심각하게 훼손할 수 있기 때문이다.

무죄 추정의 원칙

얼굴 공개 찬성 입장 헌법에서 '무죄 추정의 원칙'은 판결을 통해서 형이 확정될 때까지 피의자를 무죄로 간주하는 것을 말한다. 무죄 추정의 원칙에 따라 범죄 피의자는 법적으로 '공정한 재판을 받을 권리'와 '형이 확정되기 전까지 불이익을 받지 않을 권리'를 갖게 된다. 그런데 이 원칙은 피의자의 얼굴을 공개하느냐 마느냐의 문제와는 직접적인 관련이 없다. 그보다 유죄로 형이 확정되기 전까지는 범죄에 대한 입증 책임이 검사에게 있으니, 되도록 피의자가 불구속 상태에서 재판을 받도록 해야 한다는 형사법적인 의미가 더 크다. 따라서 피의자의 얼굴을 공개한다고 해서 그 본질이 크게 훼손되지는 않는다.

다시 강조하자면, 피의자의 이름과 얼굴을 공개하는 것은 무죄 추정의 본질을 훼손하지 않는다. 문제는 오히려 언론 보도에 있다. 일부 언론은 혐의자, 피의자, 피고인, 범죄자 등의 용어를 구분 없이 사용하는 잘못을 저질렀다.[70] 예를 들어 일부 언론은 피의자 신분인 강 씨에 대해 '살해범'이라는 확정적인 표현을 사용했다. 게다가 언론은 출처가 불분명하고 범죄 사실과도 별 관련이 없는 불필요한 정보를 경쟁적으로 보도하기도 했다. 강호순이 지금까지 결혼을 몇 번 했는지, 자녀는 몇 명이나 있는지 등 범죄와 관련 없는 사적인 정보를 기사거리로 삼아 여러 오해를 불러일으켰던 것이다. 이와 같은 불필요한 정보 공개와 얼굴 공개는 엄연히 구분돼야 하는 사안이다. 불필요한 정보 공개에 따른 문제와 얼굴 공개에 따른 문제는 엄연히 다른 것이다.

얼굴 공개 반대 입장 "형사 피고인은 유죄의 판결이 확정될 때까지는 무죄로 추정된다."라고 헌법 27조 4항에서 명확히 밝히고 있듯이, 유죄 판결은 1심, 2심 판결을 의미하지 않고 오직 최종적으로 확정된 판결만을 가리킨다. 1심 재판에서 실형을 선고받더라도 피고인이 항소하여 2심 재판이 시작되면 무죄 추정은 지속된다. 따라서 최종적인 재판을 통해 범죄가 확정되기 전까지 무죄 추정의 원칙을 적용받는 피의자의 신상을 공개하는 것은 바람직하지 않다.

강 씨는 기소도 되지 않은 피의자 신분이었다. 물론 그가 자신의 범행 일부를 자백했고 그 자백을 토대로 시신까지 발견한 상황이었지만, 그는 여전히 기소도 되지 않은 피의자 신분이었다. 정황상 명백하게 그가 범인으로 보인다 해도, 무죄 추정의 원칙을 함부로 깰 수는 없다. 끔찍한 범죄를 저지른 피의자라 해도 원칙은 원칙이다. 한번 원칙이 깨지기 시작하면, 나중에는 무분별하게 피의자의 얼굴을 공개하는 일이 벌어질지도 모른다.

상대편에서 주장한 그와 같은(피의자, 피고인, 범죄자 등의 개념이 별 구분 없이 사용되고, 피의자 등의 신상 정보가 함부로 유포되는) 언론 현실에서, 얼굴 공개는 오히려 편견과 오해를 낳고 비난 여론을 증폭시킬 게 불 보듯 뻔하다. 이러한 비난 여론은 재판에 일정한 영향을 미칠 수 있기 때문에 공정한 재판을 위해 무분별한 비난 여론의 확산을 경계할 필요가 있다. 판사 역시 사회 여론을 의식할 수밖에 없기 때문이다. 판사는 사회로부터 떨어져 진공 속에서 살아가는 개인이 아니라 사회 속에서 사람들의 영향을 받는 사회인이기 때문에, 그 역시 여론에서 완전히 자유로울 수 없는 것이다.

---

70 용의자·혐의자는 범죄를 저질렀을 것으로 의심받는 사람이다. 의심은 가지만 아직 구체적인 증거가 없을 때 용의자·혐의자라는 말을 쓴다. 범죄의 혐의가 보다 명확하게 보여 수사 기관의 수사 대상이 됐으나, 아직 공소(검사가 특정한 형사 사건에 대하여 법원에 심판을 요구하는 일)가 제기되지 않은 사람은 피의자라고 부른다. 피의자는 용의자보다 조금 더 나아간 개념이라 할 수 있다. 얼굴이 공개된 시점에서, 강호순은 검찰에 의해 기소가 되지 않은 피의자의 신분이었다. 검찰이 기소하여 재판이 시작되면 그때부터 피의자는 피고인으로 간주된다. 그리고 재판을 통해 형이 확정돼야만 범죄자라는 용어를 쓸 수 있다. 이러한 개념의 구분이 필요한 이유는, 아무리 범죄 사실이 분명해 보이더라도 재판을 통해 최종적으로 형이 확정되기 전까지는 재판의 결과가 어떻게 나올지 아무도 단정할 수 없기 때문이다. 형이 확정되기 전에 피의자나 피고인을 범죄자처럼 취급해 버리면, 나중에 돌이킬 수 없는 결과를 낳을 수도 있다. 최종 재판의 결과, 무고한 사람이 범죄 혐의자나 피의자로 간주됐던 것으로 결론이 날 수도 있는 것이다. 이렇게 되면 이미 치명적인 상처를 받은 사람의 명예는 누가 회복시켜 줄 것인가? 형이 확정되기 전까지는 모든 사람이 무죄로 추정되어야 하는 이유가 여기에 있다.

충분한
사회적 논의 과정
거쳐야

언론사들의 자율적인 판단에 따른 얼굴 공개 논란은 민주주의 사회에서 벌어질 수 있는 자연스러운 현상이다. 민주주의 사회에는 이견(異見)이 존재하고, 이를 둘러싼 논쟁이 벌어지기 마련이다.

그러나 정부가 피의자의 얼굴을 공개하겠다고 나서는 것은, 언론사의 얼굴 공개와는 다른 차원의 문제다. 2월 12일, 정부와 한나라당은 살인, 강간, 납치 등을 저지른 흉악범의 얼굴과 이름 등 신상 정보를 공개하기로 합의했다. 정부가 적극적으로 피의자나 범죄자의 얼굴을 공개하면, '보호받아야 할 인권'과 '보호받을 필요가 없는 인권' 사이에 하나의 선이 그어지게 된다. 이러한 자의적인 구분은 자칫하면 정치적으로 인권 탄압이 악용될 수 있는 길을 열어 놓을 수 있다. 거대한 악(惡)은 작은 것에서 싹트기 마련이다.

인권은 대단히 깨지기 쉬운 것이어서 함부로 다루어서는 안 된다. 범죄자라고 해서 무분별하게 그의 인권을 침해하기 시작하면, 홍수로 논둑이 터지듯이 인권 침해의 물결이 순식간에 우리의 일상을 덮칠지도 모르기 때문이다. 범죄자의 인권까지도 보장하는 사회는 당연히 일반 시민의 인권 역시 잘 보장할 것이다. 그러나 범죄자의 인권을 무시하는 사회는 언젠가 일반 시민의 인권도 쉽사리 무시할지 모른다.

가장 낮은 곳에 있는 사람의 인권을 어떻게 다루는가를 보면 그 사회를 알 수 있다. 그래서 그 나라의 인권 수준을 알려면 교도소에 가 보라는 말이 있다. 영국, 프랑스 등은 수형자의 흡연을 허용하고 독일, 스페인 등은 수형자의 음주를 허용하며 스웨덴, 이스라엘 등은 수형자의 참정권을 인정한다. 심지어 브라질, 콜롬비아 등에서는 수형자의 성 생활권도 인정해 준다. 우리나라는 흡연, 음주, 참정권, 성 생활권 모두를 금지하고 있다.

교양
상식

3
-

정치를 보는
또다른 눈

뜨겁게 분노하라, 그러나 차갑게 대응하라

일 본 의 독 도 도 발

이치나 사리에 맞지 않고 망령되게 하는 말. 망언(妄言). 일본 정치인들이 독도나 과거사(過去事) 문제에 대해 엇나간 발언을 할 때, 우리가 흔히 하는 말이다. 언론에 이 말이 등장할 즈음이면 우리 국민들은 대개 몹시 흥분해 있기 마련이다. 일본 정치인들은 정말 망령(妄靈)이 든 것일까, 아니면 우리가 괜한 흥분을 하는 것일까?

독도 문제의 쟁점은 무엇이고, 일본이 내세우는 근거는 무엇일까? 일본의 행태를 핏대 세워 비난하기에 앞서 우리는 무엇을 어떻게 해야 할까? 이번 시간에는 독도와 관련된 문제들을 함께 살펴보도록 하자.

일본의 중학교 사회과 학습 지도 요령 해설서 파문

일본은 독도에 대한 도발을 지속적으로 전개해 왔다. 지난 2000년부터 벌어진 대표적인 사건들만 추려 보면 다음과 같다.

2000년 모리 요시로(森喜郎) 전 일본 총리, 한국방송(KBS)과의 인터뷰에서 "다케시마는 우리 땅" 발언

2001년 시마네현(島根縣) 지사, "한국이 다케시마 불법 점거" 주장

2005년 시마네현, "다케시마의 날"(2월 22일) 제정

2006년 일본, 독도 인근 해양 조사 위해 측량선 출항

2007년 일본 방위성[71], 『일본 방위 백서』 3년 연속 "다케시마는 일본의 고유 영토" 기술

2008년 7월 14일, 일본 문부과학성[72]은 중학교 사회과 학습 지

---

[71] 국방 업무를 담당하는 행정 기관
[72] 우리나라의 교육과학기술부와 같은 행정 기관

도 요령 해설서를 공개했다. 이 해설서에는 독도에 대해 다음과 같은
내용이 실려 있었다.

"북방 영토[73]가 우리 고유 영토라는 점 등 우리나라(일본) 영역을
둘러싼 문제도 생각하도록 하기 위해 북방 영토와 관련, 그 위치와
범위를 확인시킴과 동시에 북방 영토가 우리나라 고유의 영토이지만
현재 러시아에 의해 불법 점거돼 있기 때문에 반환을 요구하고 있다
는 점 등에 대해 정확하게 다룰 필요가 있다. 또한 우리나라와 한국
과의 사이에 다케시마를 둘러싸고 주장에 차이가 있다는 점 등에 대
해서도 북방 영토와 마찬가지로 우리나라의 영토·영역에 관해 이해
를 심화시키는 것도 필요하다."

이 내용이 문제가 되는 이유는 관련 교과서를 편찬하는 데 해설
서가 중요한 지침으로 활용되기 때문이다. 이렇게 되면 현재는 일본
의 사회과 교과서 출판사 14개 가운데 4곳에서 독도와 관련된 내용
을 다루고 있지만, 앞으로 그 내용이 더 늘어날 수밖에 없다. 시간이
지나 잊을 만하다 싶으면 다시 독도 영유권 주장을 꺼내 온 일본의
속셈은 과연 무엇일까?

----

73 '북방 영토'는 일본에서 사용하는 명칭이다. 러시아와 일본의 영유권 분쟁이 일고 있는 쿠릴 열
   도(列島)의 쿠나시르 섬, 이투루프 섬, 시코탄 섬, 하보마이 섬 4곳을 가리킨다. 쿠릴 열도는 러
   시아 동부 사할린과 일본 북부 홋카이도(北海道) 사이에 있으며, 30개 이상의 도서(島嶼)로 이
   루어져 있다. 영어와 러시아 어로는 쿠릴이며, 일본령이었을 때는 지시마 천도(千島)라고 불렀
   다. 1854년 러·일 강화 조약에 의해 쿠릴 열도의 영유권이 나뉘었고, 1951년에 러시아가 이곳
   을 모두 점유하면서 영토 분쟁이 시작됐다. 현재 일본은 쿠릴 열도 4개 섬의 소유권을 주장하면
   서 러시아에 반환을 요구하고 있다.

일본의
독도 영유권 주장,
그 배경과 속셈은?

일본의 독도 영유권 주장은 '신사[74] 참배', '역사 왜곡'과 일정한 관계가 있다. 신사 참배, 역사 왜곡, 그리고 독도 도발의 배경에는 일본의 우경화(右傾化)[75]가 자리 잡고 있다. 어느 사회에나 우익(보수)과 좌익(진보)은 존재한다. 다만 일본에서 우익은 대체로 태평양 전쟁을 일으킨 전범(戰犯)에 그 뿌리를 두고 있어 문제가 된다. 독일과 달리 일본의 전범 세력은 청산되지 않은 채 지배 세력으로 고스란히 남아 있고, 냉전이 종식된 이후에 그들의 목소리는 점점 커지고 있다.

그들은 자국의 교과서 기술 태도가 패배주의적이라고 비판한다. 우익 세력에게 패전(敗戰) 이전의 일본 제국 역사는 반성해야 할 역사가 아닌 '영광의 역사'일 뿐이다. 이러한 인식을 바탕으로 그들은 1997년 '새로운 역사 교과서를 만드는 모임'을 결성했고, 2001년과

---

74 일본에서 왕실의 조상이나 고유의 신앙 대상 또는 공적을 쌓은 사람을 모신 사당
75 우익 사상으로 기울어짐

2002년에는 후소샤(扶桑社) 교과서를 집필하기에 이르렀다. 이러한 우익 세력이 '독도 문제'를 지속적으로 제기하는 데에는 일본 내에 독도 문제에 대한 관심을 불러일으키려는 의도가 깔려 있다. 여기에는 크게 두 가지 목적이 있는 듯하다.

첫째, 독도를 '국제 분쟁 지역'으로 만들려는 목적. 일본의 우익 세력은 독도가 한일 양국 사이의 분쟁 지역이라는 인식을 퍼뜨려 모종의 이익을 챙기겠다는 속셈을 가지고 있는 듯하다. 독도 영유권 주장이, 독도가 한국의 영토가 아니라는 인식을 확산시켜, 앞으로 독도 주변의 자원 개발에 일정한 지분[76]을 확보하기 위한 포석으로 풀이되기 때문이다.[77] 한 발 더 나아가, 독도 문제를 국제사법재판소[78]로 가져가려는 속셈도 읽힌다. 일본은 한일기본조약(1965)[79]이 체결되기 전까지 끊임없이 독도 문제를 국제사법재판소에 회부하자고 주장해 왔다. 물론 한일기본조약이 맺어진 뒤에는 공식적으로 그러한 의견을 제기하지 않고 있다. 따라서 현재 일본이 독도 문제를 국제사법재판소에 회부할 계획을 갖고 있는지 정확하게 단언하기는 어렵다. 다만 일본 입장에서 국제사법재판소 회부가 그다지 손해 볼 게 없는

[76] 공유물이나 공유 재산 따위에서 공유자 각자가 소유하는 몫
[77] 동해에는 가스 하이드레이트(gas hydrate)가 매장돼 있다. 가스 하이드레이트는 천연가스가 저온·고압 상태에서 물과 결합해 형성된 고체 에너지원이다. 아직은 상용화할 기술이 없지만, 화석 연료가 고갈되면 이를 대체할 에너지원으로서 주목받고 있다. 동해에 매장된 가스 하이드레이트는 대략 300조 원 이상의 가치를 지닌 것으로 추정된다.
[78] 국제사법재판소는 국제연합의 한 기구다. 조약의 해석, 의무 위반의 사실 여부, 배상 따위의 국제적 분쟁을 해결하기 위한 상설 재판소다.
[79] 한국에 대한 일본의 역사적 식민 통치 관계를 청산하고 국교(國交)를 정상화하기 위해 체결된 조약

게임이기 때문에 이와 같은 의도를 추정해 볼 수 있다. 이 문제는 뒤에서 좀 더 자세히 다루도록 하자.

둘째, 우익 세력의 권력 기반을 확대·강화하려는 목적. 일본의 우익 세력은 '평화 헌법'을 개정하려는 움직임을 보이고 있다. 평화 헌법은 2차 세계대전 후 연합국에 의해 만들어진 것으로, 일본의 전력(戰力) 보유를 금지하고 교전권[80]을 인정하지 않는다.[81] 아직까지 대다수 일본인은 헌법 개정에 적극적이지 않다. 그런데 독도 문제나 역사 왜곡과 관련된 한국을 비롯한 주변국의 극렬한 반일 감정(예컨대 일장기를 태우는 등의)은 일본 국민을 자극해 이러한 문제에 관심을 갖도록 만든다. 더 나아가서, 러시아와의 북방 4개 섬(하보마이, 시코탄, 구나시리, 에토로후 섬) 분쟁, 한국과의 독도 분쟁을 이용해 국지전(局地戰)을 일으킬 수도 있다. 국지전을 기회로 삼아 일본 국민이 헌법 개정에 관심을 갖도록 만들 수 있다. 막상 국지전이 벌어졌는데, 교전권이 없는 일본이 속수무책으로 당한다고 상상해 보자. 이 모습을 지켜본 일본 국민이 스스로 교전권을 요구하지 않겠는가? 결국 국지전을 빌미로 상대국에 대한 방어 수단으로서 전력(戰力)을 보유하고 교전권을 가질 필요성을 일본 국민에게 설득할 수 있는 것이다. 그러려면

---

80 국제간에 평화적인 수단으로 해결할 수 없는 문제가 생겼을 때, 전쟁을 통하여 이를 해결할 수 있는 권리

81 평화 헌법의 내용은 다음과 같다. "일본 국민은 정의와 질서를 기조(基調)로 하는 국제 평화를 성실히 희구하고, 국권의 발동에 의거한 전쟁 및 무력에 의한 위협 또는 무력의 행사는 국제 분쟁을 해결하는 수단으로서는 영구히 이를 포기한다. 이러한 목적을 성취하기 위하여 육해공군 및 그 이외의 어떠한 전력도 보유하지 않는다. 국가의 교전권 역시 인정치 않는다."(평화 헌법 2장 9조)

국지전 도발 이전에 분쟁의 불씨를 끊임없이 살려 둘 필요가 있다.

분쟁의 불씨를 살리는 역할은 대개 일본의 보수 정당인 자민당이 맡고 있다. 자민당은 2009년 8월에 실시된 중의원 선거에서 민주당에 참패하기 이전까지 거의 반세기 동안 집권해 왔다. 자민당은 1996년에 독도 탈환을 총선 공약으로 내세우기도 했다. 2008년 9월부터 2009년 9월까지 일본 총리를 역임한 아소 다로(麻生太郎, 1940~)는 자민당의 대표적인 극우파 정치인으로서 "일본은 이토 히로부미의 길을 따라 다시 한 번 조선에 뿌리를 박아야 한다"고 부르짖던 요시다 시게루(吉田茂, 1878~1967)의 외손자다. 독도 도발의 선봉에서 망언을 일삼는 정치인들은 대체로 자민당의 강경 우익 세력이다.

일본이 내세우는
독도 영유권의
근거는 무엇인가?

일본이 독도 영유권을 주장하는 근거는 크게 두 가지다. 독도를 일본 영토로 편입한 내각 회의의 결정(1905)과 독도를 한국 측에 반환할 영토로 규정하지 않은 「샌프란시스코 평화 조약」(1952)의 내용이 바로 그것이다.

1905년 1월 28일, 일본 정부는 독도를 일본 영토로 편입했다. 그들은 독도에 대해 "무인도로서 타국(他國)이 이를 점유했다고 인정할 형적[82]이 없다"는 이유를 들어, 무주지(無主地 : 주인 없는 땅)를 선점하겠다고 선언했다. 이러한 일본 내각 회의의 결정은 곧바로 시마네현에 통고됐고, 시마네현은 1905년 2월 22일 현고시(縣告示) 제40호로서 "북위 37도 9분 30초, 동경 131도 55분, 오키섬(隱岐島)으로부터 서북 85해리에 있는 도서를 다케시마(竹島)라고 칭하고 이제부터는 본 현 소속 오키 섬 소관으로 정한다."고 밝혔다.

----

[82] 사물의 형상과 자취를 아울러 이르는 말

1894년 프랑스에서 발간한 독도 지도에서도 독도가 조선의 땅이라고 표시되어 있다.

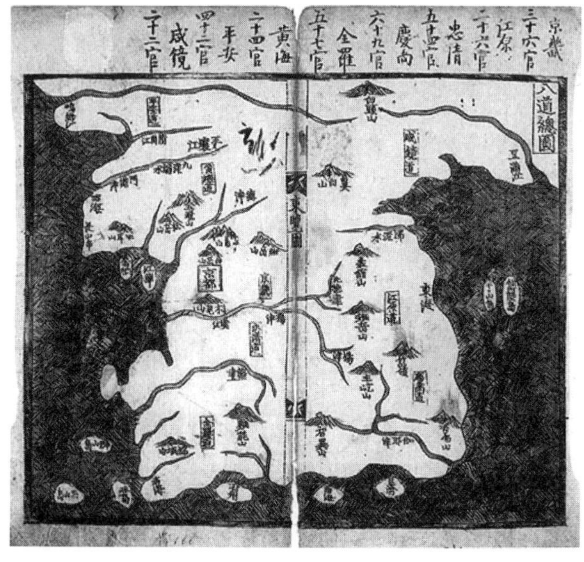

1530년 조선에서 펴낸 〈팔도총도〉에는 우산도가 지금의 독도 위치와는 반대인 울릉도 서쪽에 그려져 있다.

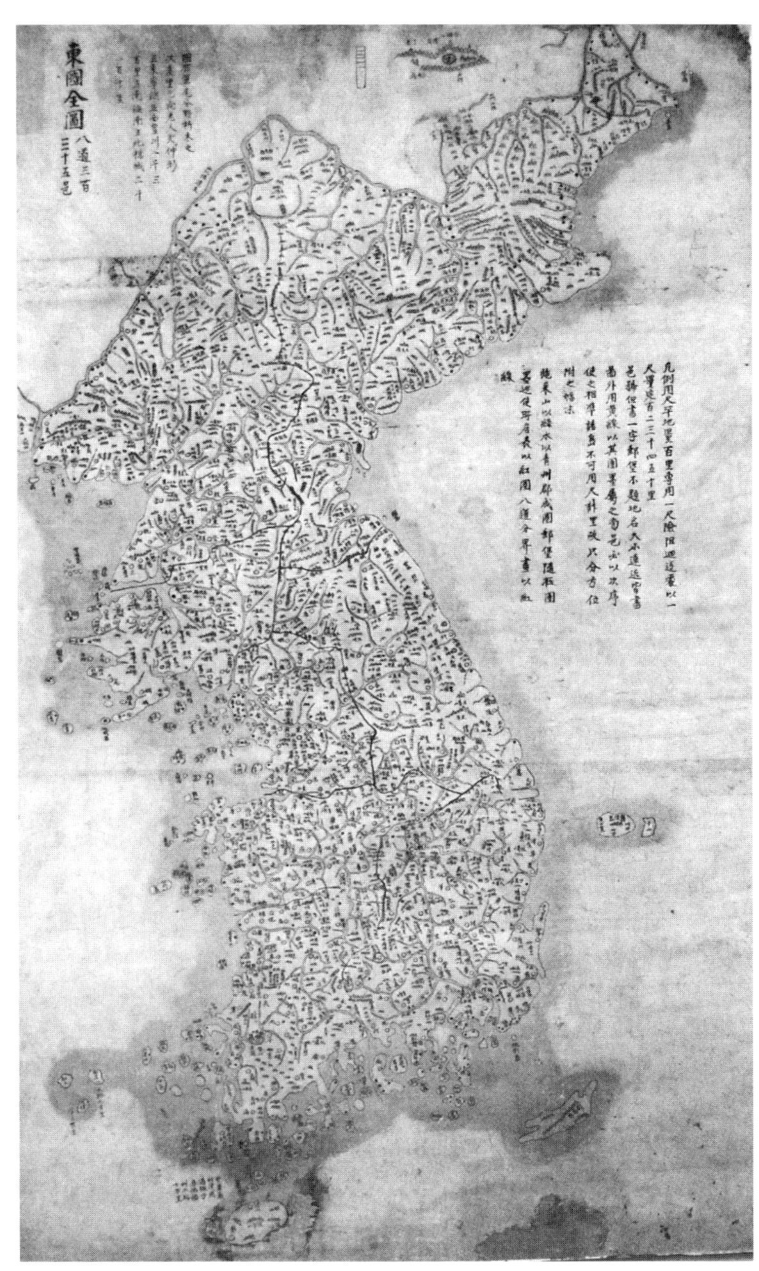

| 1770년경에 만들어진 정상기의 동국지도에도 독도가 조선의 영토라고 되어 있다.

그렇다면 일본 정부가 내세우는 '무주지 선점론'(타국이 이를 점유하고 있다고 인정할 형적이 없으므로 무주지인 독도를 선점한다.)은 과연 타당할까? 그 당시 조선 왕조는 독도를 적법하게 관리하고 있었다. 독도가 1905년 1월 이전에 한국의 고유 영토라는 사실을 증명하는 한국 측 자료는 수없이 많다. 예컨대 『삼국사기』, 『고려사지리지』, 『세종실록지리지』, 『신증동국여지승람』, 『성종실록』, 『숙종실록』 등 여러 지도와 문헌이 이를 뒷받침한다. 게다가 이에 대한 일본 측 자료 역시 상당수 존재한다.[83]

그런데, 「샌프란시스코 평화 조약」(1952)에서 일본이 한국에 반환할 섬의 명단에 독도가 빠져 있다. 「샌프란시스코 평화 조약」은 태평양 전쟁에서 승리한 연합국이 전후(戰後) 처리를 위해 일본과 맺은 조약이다. 이 조약에는 한반도의 독립을 승인하고, 일본이 조선으로부터 강제로 빼앗은 영토를 반환해야 한다는 내용이 들어 있다. 문제는 다음과 같은 「샌프란시스코 평화 조약」 제2조 a항의 내용이다. : "일본은 한국의 독립을 인정하고 제주도, 거문도, 그리고 울릉도를 포함하는 한국에 대한 모든 권리를 포기한다." 한국과 일본 정부는 이들 세 섬에 대한 해석을 달리한다. 일본은 세 섬을 커다란 외곽선으로 보고 그 외곽선 안에 위치한 영토에 대해서만 포기했다고 주장한다. 일본의 주장에 따르면 독도는 그 외곽선 바깥에 위치하므로 한국 영토로 보기 어렵다. 반면 한국은 세 섬을 주요한 섬의 열거라고 해석한다. 이렇듯 조약의 내용이 논란의 소지를 남기며 분명하지 않게 작성된 이유는 무엇일까?

연합국은 조약 초안에서 일본이 독도를 조선에 돌려주어야 한다고 구체적으로 명시했다. 그뿐만 아니라 조약이 체결되기 이전까지 유효했던 연합국의 「구일본 영토 처리에 관한 합의서」(1950)에서도 독도를 한국 영토로 인정하고 있었다. 조약이 최종 완성되기까지 10차례에 걸쳐 초안이 수정됐는데, 5차 초안까지는 독도가 한국 영토로 인정됐다. 그런데 일본의 적극적인 로비로 최종 조약문에 독도가 빠지고 말았다. 독도를 조선에 돌려주어야 한다는 조약의 내용을 미리 알게 된 일본은 미국 측에 가능한 모든 로비를 벌였기 때문이다. 미군이 독도에 레이더 기지를 설치하는 안보적 고려를 하는 게 바람직하다는 내용의 문서(1952년 10월 3일 주일 미국 대사관에서 작성해 본국으로 보내졌던 문서)가 발견되기도 했다. 이 문서에는 "이 섬(독도)은 레이더기지로 쓰일 수 있으며, 투하하지 못한 폭발물들을 처리하는 곳으로도 좋다"며 "독도가 일본 정부의 시설로 양도된다면 군사 목적으로 사용될 수 있을 것"이라는 제안이 담겨 있다. 독도를 둘러싼 미국과 일본의 관계를 짐작해 볼 수 있는 대목이다. 이에 따라 미국은 독도를 아예 일본 영토로 표기하려고까지 했던 사실도 밝혀졌다. 그러나 조약 작성에 참여한 영국, 오스트레일리아, 뉴질랜드 등 다른 연합국의 강력한 반대로 이는 결국 무산되고 말았다. 이에 대해 일본은 "더욱 철저한 조사 결과 일본 영토임을 알게 됐으므로 조약문에서는 정당하게 삭제한 것"이라는 다른 주장을 펴고 있다.

----

83 『隱州視聽合記』, 『三國接壤之圖』, 『總繪圖』, 『朝鮮國細見全圖』 등 많은 지도들과 문헌들이 있다고 한다.

일본의 독도 도발,
국제사법재판소에서
해결 가능한가?

계속된 일본의 망언에 화가 난 사람들은 국제사법재판소 카드를 꺼내 든다. 차라리 국제사법재판소에 가서 독도가 우리 땅임을 떳떳하게 인정받자는 것이다. 이들은 일본 측 논리에 일정한 허점이 있고 우리에게 충분한 자료와 증거가 있다면, 국제사법재판소 회부를 꺼릴 이유가 없다고 주장한다. 게다가 독도를 실효적으로 지배[84]하고 있는 것도 우리므로 국제사법재판소 회부를 거부할 이유가 전혀 없다고 한다. 이들의 분한 마음은 이해하지만, 국제사법재판소 회부는 신중하게 접근해야 할 문제다. 일본이 궁극적으로 노리고 있는 것도 바로 이 점일지 모르기 때문이다.

현재 독도를 실효적으로 지배하고 있는 것은 우리다. 그러나 일본은 그렇지 못하다. 그런데 독도 문제를 국제사법재판소로 가져간다고 해 보자. 우리가 재판에서 이기면 별 문제가 없겠지만, 만에 하

---

84 실효적 지배 : 국가가 토지를 유효하게 점유하고 구체적으로 통치하여 지배권을 확립하는 일

나 지기라도 하면 어떻게 될까? 우리는 실효적으로 지배하고 있던 영토를 고스란히 일본에 내주어야 한다. 그러면 일본은? 실효적으로 지배하고 있지 않았던 영토를 '거저' 얻게 된다. 곧 재판에서 이겨도 우리에게는 득이 될 게 없고, 반대로 진다면 우리 영토를 빼앗기는 최악의 결과를 맞게 된다. 일본 입장에서는 지더라도 잃을 게 없다. 어차피 독도를 실효적으로 지배하고 있는 건 우리였으니까. 결국 국제사법재판소로 간다면, 일본에는 잃을 게 없고 한국에는 얻을 게 없는 싸움이 되고 마는 것이다.

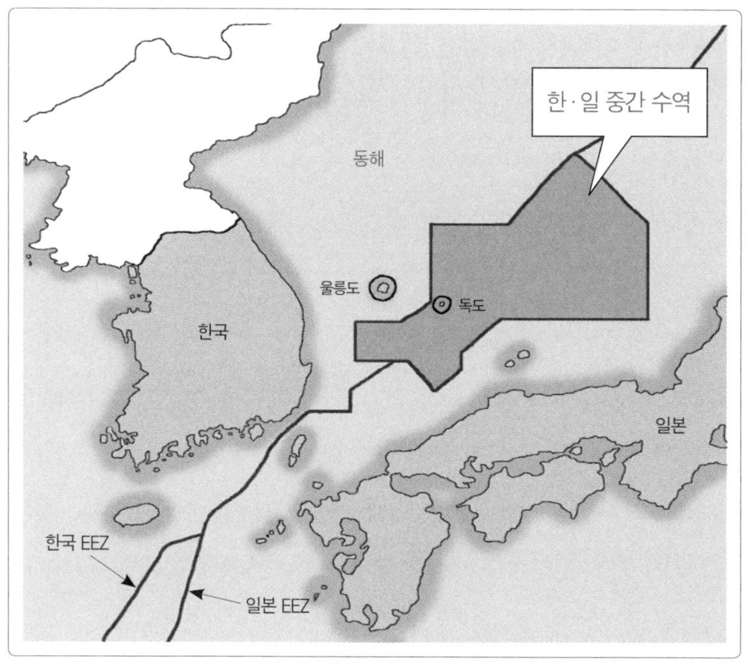

• EEZ : 배타적 경제수역

1999년 한·일간에 체결한 신어업협정에는 독도가 우리 측 수역이 아닌 한·일 중간 수역에 자리하고 있다.

물론, 우리가 재판에서 이긴다면 이러한 논의 자체가 무의미해진다. 그러나 문제는 우리가 반드시 재판에서 이기리라는 법이 없다는 것이다. 재판이란 국내적인 것이든 국제적인 것이든 실체적 진실만을 따지지 않는다. 진실은 대체로 양면적이고 복합적이다. 따라서 판결은 무엇이 진실인가보다 누가 더 진실에 가까운가로 가려지기 일쑤다. 여기서 진실에 더 가깝다는 것은, 얼마만큼 진실에 가까운 주장을 펴는가의 뜻으로 이해할 수 있다. 즉 법정에서의 승패는 어느 정도 법정 기술에 의존할 수밖에 없는 것이다. 독도의 진실과 상관없이, 치밀하고 철저한 준비가 재판의 승패를 가늠할 수 있다. 우리가 과연 치밀하고 철저하게 준비해 왔는지 자문한 뒤에 국제사법재판소 회부를 논의하자. 국제 사회의 정의가 재판정에 존재하리라는 안이한 인식은 금물이다.

그뿐만 아니라 한일 간에 체결된 신어업협정(1999)으로 독도는 우리 측 수역이 아닌 한·일 중간 수역에 자리하고 있다는 사실도 중요하다. 1997년, 한국 정부는 독도가 아닌 울릉도를 기점으로 배타적 경제수역[85]의 기점을 삼겠다고 선언했다. 그 결과 2년 뒤에 체결된 신어업협정에서 독도는 우리 측 수역이 아닌 한·일 중간 수역에 포함돼버렸다. 따라서 엄밀히 따진다면, 지금 현재로서는 국제법상으로 독도가 명백히 우리 땅이라고 주장할 만한 상황이 아니라고도 할 수 있다.

---

[85] EEZ(Exclusive Economic Zone) : 자국 연안으로부터 200해리까지의 모든 자원에 대해 독점적 권리를 행사할 수 있는 유엔 국제 해양법상의 수역

독도 문제,
어떻게 대응할 것인가?

20년 전인 1988년에 미국 국립지리원(NGA)이 독도의 지명을 '리앙쿠르 락스(Liancourt Rocks)'[86] 로 바꾸었다. 그리고 작년에 미국 의회 도서관이, 국립지리원의 명칭과 같이 독도를 '리앙쿠르 락스'로 변경하는 문제를 검토하려 했다.[87] 이와 같은 변경 움직임 뒤에는 일본의 조직적인 로비가 있었을 것으로 추정된다. 독도의 일본명인 '다케시마'와 '리앙쿠르 락스'는 명칭상 다르지만, 한국명인 '독도'가 아닌 '리앙쿠르 락스'로 불리게 되면 독도 문제를 잘 모르는 외국인들은 독도를 한국의 영토로 여기지 않을 수도 있다. 즉 중립적인 시각에서 독도를 한국과 일본의 분쟁 지역으로 인식할 수 있다. 증거가 없으므

86 '리앙쿠르 락스'라는 명칭은 「샌프란시스코 평화조약」에 등장한다. 이 명칭은 1849년 독도를 발견한 프랑스의 포경선 리앙쿠르호에서 따왔다.
87 미국 국립지리원 지명 위원회(BGN)가 홈페이지에서 그동안 한국령으로 표기해 왔던 '독도-리앙쿠르 락스'를 '주권 미지정 지역'으로 변경한 사실이 뒤늦게 알려져 논란이 됐다. 2008년 7월 30일, 부시 대통령의 지시로 한국령으로 원상 복귀하면서 그 파장은 일단락됐다. BGN은 지금으로부터 32년 전인 1977년에 미국 정부가 '독도' 대신에 리앙쿠르 락스를 공식 명칭으로 사용할 것을 결정했다고 밝혔다.

로 추정에 지나지 않지만, 여기에는 한국의 독도 영유권을 희석시키려는 일본의 의도가 깔려 있었는지도 모른다. 만약 일본의 로비가 실제로 있었다면, 일본은 독도를 차지하려는 노력을 치밀하게 기울여 왔다고 할 수 있다. 일본이 그러한 물밑 작업을 벌일 때 우리 정부는 과연 무엇을 했는지 묻지 않을 수 없다.

정부의 입장에서 이해할 만한 부분이 없는 건 아니다. 정부는 독도 문제가 국제 분쟁으로 비화되지 않도록 해야 한다는 부담감을 안고 있다. 따라서 정부의 태도가 너무 미온적이라고 무조건 비판할 수만은 없다. 다만 국제 분쟁으로 확대되는 것을 막는답시고 지나치게 소극적으로 대응해 온 것은 아닌지 되돌아보아야 한다. 시끄러운 사태가 어느 정도 잠잠해지면, 아무 일 없었다는 듯 넘어가는 낙관적인 상황 인식은 문제라 할 수 있다. 감정적으로 대응해서는 안 되겠지만, 이성적이고 장기적이며 체계적으로 대응할 필요는 있다. 각종 세계 지도나 문헌 등에 독도가 명확히 표기될 수 있도록 다각적으로 노력하고, 독도에 대한 실효적 지배를 강화하는 방법을 강구해야 한다. 더불어 최악의 사태를 대비하는 것도 중요하다. 독도 문제가 국제사법재판소에 회부됐을 때를 대비해 역사적, 지리적, 국제법적 대응 논리를 여러 방면으로 개발하고, 국제 사회에 독도가 우리 영토임을 적극적으로 홍보해야 한다.

그동안 우리는 독도가 우리 땅이었다는 것을 역사적으로 뒷받침하는 자료가 새로 발견되면 우리들끼리 나누고 흡족해했다. 지금까지는 대개 국내에서만 대대적으로 알렸을 뿐이다. 물론 우리 국민부터 제대로 아는 것이 중요하다. 그러나 독도 문제에 관해서 우리 국민은 일본에 비해 관심도 높고 단합도 잘한다. 중요한 것은 우리가 아닌 '저들'이다. 독도 문제의 진실을 일본인에게 적극적으로 알리고, 더 나아가서 국제 사회에도 널리 홍보해야 한다. 일본은 이와 같은 노력을 오랫동안 지속해 왔다. 일본이 잠시 주춤한다고 해서 독도 문제가 완전히 끝난 것은 아니다. 일본이 망언과 도발을 하건 하지 않건, 우리는 앞에서 말한 일들을 묵묵히 해 나갈 필요가 있다. 흥분은 능사가 아니다. 흥분을 가라앉히고 구체적인 대책을 세워 장기적으로 실천해야 한다. 그것만이 독도를 지키는 길이다.

방송국을 사세요?

2008년 말부터 2009년까지 여야의 극한 대치로 온 나라가 시끄럽다. 여당은 국회를 폭력으로 물들였다며 야당을 성토했고, 야당은 여당의 일방적인 법안 처리 시도가 문제의 원인이었다며 여당을 비판했다. 여기에 더해, 언론노조(전국언론노동조합)가 총파업에 돌입했다. 여당이 처리하려 했던 법안 가운데 가장 논란이 됐던 것은 바로 언론 관련 법안(이후 '미디어법'으로 부른다.)이다. 7월 22일, 이 법안은 우여곡절 끝에 한나라당에 의해 강행 처리됐다. 그 결과 민주당은 국회 등원을 거부했고 언론노조는 또다시 파업에 돌입했다. 이번 시간에는 국회 파행과 언론노조 총파업의 불씨를 던진 언론 관계법 개정의 내용과 쟁점을 살펴보자.

미디어법을
둘러싼 갈등

2008년 말, 한나라당은 미디어법을 비롯해 85개 법안을 경제 살리기 법안으로 내세우며 연내(年內) 처리를 시사했다. 이에 전국언론노동조합(이하 '언론노조')은 미디어법의 문제점을 지적하면서 12월 26일 총파업에 돌입했다. MBC 노조가 전면 파업에 동참하면서 MBC 정규 프로그램들이 파행을 겪었다. SBS 노조도 방송을 위한 기본 인력만 투입하는 부분 파업에 들어갔다. 12월 30일에는 CBS가 파업했으며, EBS도 일부 조합원이 제작 거부에 돌입했다. KBS 노조는 언론노조에서 탈퇴한 상태라 파업에는 동참하지 않았지만, 언론노조의 총파업을 지지한다고 밝혔다.

극한까지 치달았던 여야 대치는 2009년 1월 6일, 국회 정상화 협상 타결로 일단락됐다. 이로써 언론노조 역시 13일간 계속되어 온 총파업을 일단 잠정 중단하기로 했다. 그러나 문제의 불씨는 여전히 남아 있었다. 여야는 "빠른 시일 내에 합의 처리하도록 노력한다."[88]는 원칙에만 타협했을 뿐, 합의 처리 내용에는 의견 일치를 보지 못했다. 그 결과 2월 임시 국회에서 여야 간 충돌은 재현됐다.

　이후 여야 합의로 '미디어발전국민위원회'가 구성되어 3월 13일부터 활동에 들어갔다. 미디어법을 둘러싼 여야 대치가 합의점을 찾기 어렵게 되자, 전문가 의견과 국민 여론을 수렴해 합의점을 도출해 내기 위한 위원회였다. 그러나 '미디어발전국민위원회' 활동은 난항을 거듭했고 별다른 성과 없이 활동을 끝내게 됐다. 7월 22일, 더 이상의 협상은 의미가 없다고 판단한 한나라당은 단독으로 미디어법을 강행 처리했다. 그러나 야당인 민주당은 미디어법 무효를 주장하며 헌법재판소에 미디어법 무효 심판을 청구한 상태다.

　정부와 여당은 '매체 융합'이라는 새로운 미디어 환경에 대응하기 위해서는 신문과 방송의 경계를 허물어 산업 경쟁력을 강화시키고, 대기업과 해외 자본 등이 방송 산업에 진입할 수 있도록 규제를 풀어야 한다고 주장한다. 이를 통해 새로운 투자가 이루어지면 일자리가 창출될 것이라면서 미디어 법안이 민생(民生) 법안임을 강조한다. 그러나 이에 대해 야당과 언론노조는 개정된 법안이 여론의 다양성을 훼손하고 언론의 공공성과 공익성을 포기하는 악법(惡法)이라며 비판한다. 언론으로서 방송이 지닌 공적인 역할을 무시한 채 오직 산업적, 경제적 논리로만 접근하는 것은 민주주의의 후퇴를 의미하는, 대단히 위험한 발상이라는 입장이다.

　올해 초부터 온 나라를 발칵 뒤집어 놓은 미디어법은 모두 7가지였다. 신문법, 방송법, 언론중재법, 인터넷멀티미디어 방송사업법(IPTV법), 정보통신망 이용촉진 및 정보보호법(이하 정보통신망법), 지상파 텔레비전 방송의 디지털 전환 특별법(이하 디지털 전환법), 전파법이 그것이다. 이 가운데 최종 통과된 법안은 신문법, 방송법, IPTV법 등이다. 특히 논란이 됐던 신문법과 방송법, 정보통신망법을 살펴보도록 하자. 정보통신망법은 이번에 통과된 법안에는 포함되지 않았지만, 향후 또다시 논란거리가 될 가능성이 높아 살펴볼 필요가 있다.

신문법 전면 개정안 (한나라당 강승규 의원 대표 발의)

● 쟁점 ●

한나라당이 발의한 개정안으로, 신문사가 지상파 방송이나 통신사를 겸영(兼營)할 수 없도록 한 조항을 폐지한다는 내용이 담겨 있다. "일간 신문과 뉴스 통신은 상호 겸영할 수 없으며 종합 편성[89] 또는 보도 전문 편성 방송 사업을 겸영할 수 없다."고 명시한 현행법 15조 2항을 전면 삭제하는 것이 뼈대다.

<u>찬성 입장</u> 신문과 방송의 겸영은 세계적인 추세다. 독일과 영국 등 유럽 주요 국가들만 보더라도 모두 신문·방송 간 교차 소유를 허용하고 있다. 신문과 방송 겸영에 대한 규제가 심했던 프랑스에서도 최근

---

[88] "방송법을 비롯한 미디어 관련 법안 6건(방송법·신문법·IPTV법·정보통신망법·디지털전환법·저작권법)은 빠른 시일 내에 합의 처리하도록 노력한다. 다만, 미디어 관련 법안 2건(언론중재법·전파법)은 이번 임시국회에서 협의 처리한다."

[89] 보도·교양·오락물 등 여러 가지 유형의 프로그램을 골고루 편성하는 것

사르코지(N. Sarkozy) 대통령이 두 매체의 겸영 등을 통한 글로벌 미디어 그룹 육성을 국가 과제로 제시하기도 했다. 경제협력개발기구(OECD) 30개 회원국 가운데 지상파 방송과 신문의 겸영을 금지한 나라는 유일하게 우리나라뿐이다. 회원국 가운데 10개국은 원천 허용하고 있고, 19개국은 조건부로 허용하고 있다. 신문사를 포함한 대기업 자본이 방송 시장에 들어가면 국내 방송 산업은 글로벌 경쟁력을 키우는 기틀을 마련할 수 있을 것이다.

반대편에서는 신문이 방송에 진출하게 되면 여론의 다양성이 훼손될 것으로 우려한다. 하지만 인터넷 포털 사이트의 영향력이 점점 커지고, 다매체·다채널로 미디어 환경이 하루가 다르게 달라지고 있기 때문에 신문사와 방송사 간 상호지분(持分)[90] 소유를 완화하더라도 여론의 다양성을 해칠 우려는 크지 않다. IPTV 시대가 열리면 방송 채널은 400~500개 정도가 될 것이다. 이런 환경에서 여론의 획일화는 가능하지 않다. 뿐더러 실제로 신문사의 영향력은 그리 크지 않다. 언론 재단의 〈2008 언론 수용자 의식 조사〉에 따르면, 가장 영향력 있는 매체로 31.6%의 지지를 받은 KBS가 선정됐고, MBC가 21.8%, 네이버(naver)가 17.3%, 다음(daum)이 4.1%, 조선일보가 4.0% 순이었다. 지상파 방송과 인터넷 포털이 여론을 좌우하고 있는 것이다. 이 조사만 놓고 보자면, 신문과 방송, 인터넷을 포함한 전체 여론 시장에서 지상파 방송 3사(社)[91]의 여론 지배력은 무려 57%에 달한다. 문제는 신문사의 방송 진출로 인한 여론 독과점이 아니라 방송 시장에서 누리고 있는 지상파 3사의 여론 독과점이다.

미디어법 통과로 친(親)정부 매체가 방송 진출을 통해 여론을 독과점할 것이라는 주장은, 미디어의 속성을 전혀 모르고 하는 주장이다. 방송 시장과 신문 시장은 엄연히 다르다. 신문은 독자가 구독료를 내고 선택하는 매체지만, 방송은 시청자가 시청료를 내고 선택하는 매체가 아니다. 특정 방송 프로그램을 안 보는 경우는 있어도, 특정 방송 자체를 거부하는 경우는 드물다. 따라서 그 매체를 기피하는 사람이 적을수록 시청률은 높아지고 광고 수익은 늘어난다. 상황이 이렇다 보니, 방송 뉴스의 일방적인 정부 찬양은 시청률 감소로 이어져 방송사에 큰 타격을 줄 수 있다. 특정 정파의 이익을 대변하는 것이 방송사에 아무 도움도 되지 않는 것이다. 게다가 이제 국민은 편파 방송에 쉽게 넘어갈 만큼 어리석지 않다.

<u>반대 입장</u>　휴대 전화와 인터넷, IPTV[92] 등 뉴미디어 기술의 발전으로 방송과 통신의 경계가 허물어지고 있는 것은 분명한 사실이다. 그러나 신문과 방송의 겸영은 결코 세계적인 추세가 아니다. 유럽과 달리 미국은 신문과 방송의 겸영에 엄격하다.[93] 게다가, 신문과 방송의 겸영을 허용하는 선진국들 역시 엄격한 제한 조건을 두고 있다. 독일에

---

90 공유물이나 공유 재산 따위에서 공유자 각자가 소유하는 몫. 또는 그런 비율

91 KBS, MBC, SBS

92 Internet Protocol Television의 약자로, 초고속 인터넷을 이용하여 정보 서비스, 동영상 콘텐츠 및 방송 등을 텔레비전 수상기로 제공하는 서비스를 가리킨다.

93 미국은 신문·방송 겸영을 조건부로 허용하고 있다. 신문, 방송의 지역이 서로 다르고, 해당 지역의 주요 일간지 및 지상파 채널이 모두 8개가 넘어야만 겸영이 가능하도록 했고, 4대 방송(ABC, CBS, NBC, FOX)은 아예 교차 소유 대상에서 제외시켰다.

서는 전체 여론 시장 점유율이 30%를 넘는 신문사는 방송사를 경영할 수 없고, 영국에서는 전국 독자의 20% 이상을 점유하고 있는 신문사는 전국 방송사의 지분을 20% 이상 소유할 수 없다.

신문사와 대기업의 방송 진출은 지금도 가능할 뿐더러 실제로도 하고 있다. 예를 들어 중앙일보는 자회사인 중앙방송을 통해 Q채널과 히스토리채널 등 4개의 케이블 채널을 운영하고 있다. 문화와 스포츠, 오락, 생활정보 채널 등은 얼마든지 소유할 수 있다. 다만, 현행법은 신문사가 '보도' 부분의 방송에 진출하는 것을 막아왔을 뿐이다. 앞서 지적한 여론의 다양성 때문이다. 뉴스를 보도하는 채널은 여전히 지상파, 종합 편성 채널, 보도 채널뿐이다. 그런데 신문법 개정안이 통과되면 신문사도 뉴스 보도와 해설을 할 수 있는 채널에 손을 뻗을 수 있게 된다. 신문법 개정안이 특정 신문사들을 위한 정책으로 비치는 이유다.

현재 조·중·동으로 대표되는 거대 족벌(族閥) 신문[95]이 신문 시장의 70% 이상을 차지하여 여론을 독과점하고 있는 상황에서, 정부의 뜻에 맞는 재벌과 일부 신문이 방송 산업에까지 진출하면 여론의 다양성이 심각하게 위협받을 수 있다. 결과적으로 현 정부가 자기 뜻에 맞는 재벌, 일부 신문 등과 함께 여론을 지배하려는 것으로 보인다. 지금까지 이들 보수 신문들은 경제 정책, 북한 정책, 부동산 정책 등에서 일부 기득권 세력의 입장을 대변해 왔다. 이런 상황에서 이들의 방송 진입은 신문은 물론 방송에까지 동일한 논조(論調)를 퍼뜨려 여론의 다양성을 크게 해칠 수 있는 것이다.

방송법 일부 개정안 (한나라당 나경원 의원 대표 발의)

● 쟁점 ●

한나라당이 발의한 개정안으로, 대기업과 신문사가 지상파 방송의 지분 10%, 종합편성 PP[96]의 지분 30%, 보도 PP의 지분 30%를 소유하도록 허용하는 것이 뼈대다. 또한, 종합편성 PP와 보도 PP에 대한 외국 자본의 출자(出資) 또는 출연(出捐) 금지 규정을 폐지하고, 외국 자본이 종합편성 PP 지분의 20%까지, 보도 PP의 지분 10%까지 가질 수 있도록 허용하고 있다.

<u>찬성 입장</u>　세계적으로 복합 미디어 기업이 속속 등장하고 있고, 미디어 산업의 경쟁은 날이 갈수록 치열해지고 있다. 이제 우리나라 미디어 산업도 성장 동력을 갖추지 않으면 살아남기 어려운 상황이다. 대기업 자본이 방송 산업에 투자된다면 국내 방송 산업이 경쟁력을 가지는 기틀을 마련할 수 있을 것이다.

더불어 2만 명 이상의 고용 창출 효과도 예상된다. 정보통신정책연구원은 미디어관련법이 통과되면 3조 원의 생산 유발과 2만 1500명의 고용 창출 등의 경제적 효과가 발생할 것으로 전망하고 있다. 물론 일부에서는 2만여 명에 달하는 고용 창출 효과가 과장됐다고 주장하기도 한다. 지금의 방송 시장만을 놓고 본다면 그렇게 주장할 수도 있을 것이다. 그러나 고용 창출 효과를 정확하게 파악하려면

---

95 일족(一族)에 의해 소유·경영되고 세습되는 신문사

몇 가지 조건을 우선 고려할 필요가 있다. 하나는 앞으로 IPTV 등 미디어 환경이 변화하면서 신규 고용이 창출될 수 있다는 점이다. 다른 하나는 국내 시장으로만 한정해서 보지 말고 국외 시장으로 확대해서 봐야 한다는 점이다. 국내 시장만 놓고 본다면 고용 창출 효과는 그리 크지 않을 수 있으나, 양질의 콘텐츠를 만들어 해외 시장에 판매한다고 가정하면 엄청난 고용 창출 효과가 예상된다.

반대 측에서는 주요 신문과 재벌이 방송을 장악할 것이라고 주장하지만, 이는 가당치 않은 얘기다. MBC 등이 주요 신문과 재벌의 먹잇감이 될 수 있다는 주장은 근거가 없는 것이다. 미디어법은 기업과 신문이 지상파 방송 지분을 10%만 소유할 수 있도록 제한하고 있다. 더구나 지분을 보유만 하되 경영에는 참가할 수 없도록 돼 있어 대기업이 지상파 방송을 지배하는 것은 불가능하다.

반대 입장 지금도 대기업은 보도 부분을 제외한 드라마와 오락, 스포츠, 다큐멘터리 등 거의 모든 분야의 방송 사업에 진출할 수 있다. 굳이 법을 바꾸지 않아도 대기업은 방송에 얼마든지 투자할 수 있다. 그런데도 대기업이 지상파 방송, 종합편성 채널, 보도 채널에 진입하도록 허용하는 이유가 무엇인지 의심스럽다. 결국 정부와 한나라당이 대기업의 손에 여론을 좌우할 수 있는 보도 부분을 던져 줌으로써 재벌 권력, 언론 권력, 정치 권력의 공고한 삼각 구도를 만들려는 게 아닌가? 다시 말해, 한나라당 입장에서 장기 집권에 유리한 언론 환경을 조성하겠다는 의도가 읽힌다.

현재의 방송 종사자를 모두 합치면 2만 9000명으로, 3만 명이 채 안 된다. 방송 산업의 수익도 대부분 광고에 의존하고 있다. 따라서 경제 규모가 커져서 광고 시장이 성장하지 않는 이상 방송 산업에서의 고용 창출은 쉽지 않다. 현재 우리 경제의 규모에 비추어 볼 때 신규 고용이 2만 명 이상 늘어날 것이라는 주장은 납득하기 어렵다. 케이블 TV가 도입된 지난 10년 간 고용 창출은 2만 명을 넘지 않았다. 반대편에서는 미디어 환경의 변화와 해외 시장이라는 변수를 고려하면 고용 창출을 충분히 기대할 수 있다고 주장하지만, 변수는 상황에 따라 부정적으로 작용할 수도 있다.

미디어법이 시행되면 공익을 중시하는 현재의 방송 질서는 무너지고 말 것이다. 한나라당의 원한을 사고 있는 MBC나 재정 압박이 예상되는 KBS2 등이 조중동이나 재벌의 먹잇감이 될 게 뻔하다. 지분만 소유하고 경영권에는 참여할 수 없다는 찬성 측의 주장은 '절반의 진실'이다. 경영권 행사는 2012년 이후에 할 수 있도록 돼 있다. 경영권 행사가 전적으로 금지돼 있는 건 아니다. 결국 삼성 같은 재벌이나 조중동이 MBC 뉴스데스크를 하게 될지도 모른다.

---

96 Program Provider의 약자로, '방송채널사용사업자' 또는 '프로그램공급자'라고 불린다. 가령, 앞으로 생기게 될 케이블 종합편성 채널 등이 종합편성(보도·교양·오락물 등 여러 가지 유형의 프로그램을 골고루 편성하는 것) PP에 속하고, YTN이나 MBN 등이 보도 전문 PP에 속한다. KBS나 MBC 등은 지상파 방송으로 분류한다.

정보통신망법 개정안 (한나라당 나경원 의원 대표 발의)

쟁점

정보통신망법 개정안에는 논쟁 거리였던 '사이버 모욕죄' 신설이 담겨 있다. 현행 형법상 모욕죄[97]와는 별도로 정보통신망법에 '인터넷상에서의 사이버 모욕죄'를 신설하겠다는 것이다. 그 내용은 "정보통신망을 통해 공공연하게 사람을 모욕한 경우 2년 이하의 징역이나 금고 또는 1000만 원의 벌금에 처하도록 한다."라는 것이다.

찬성 입장 인터넷에서의 표현의 수위는 대단히 위험한 수준에 이르렀다. 사이버 모욕 행위는 익명성 때문에 죄질이 더 나쁜 경우가 많다. 익명성을 이용해 타인에게 고통과 피해를 주는 행위가 도를 넘어서고 있다. 그런데 정보 통신망을 보면 명예훼손죄는 가중 처벌[98]을 하도록 되어 있지만, 모욕죄는 별다른 가중 처벌 규정이 없다. 형법에서도 모욕죄는 형량이 너무 적을 뿐 아니라 친고죄로 규정되어 있다. 익명성이라는 인터넷의 특수성을 감안한다면, 사이버 모욕 행위에 대해 더욱 강력한 처벌이 요구된다. 따라서 '사이버 모욕죄'는 기존의 모욕죄에서 형을 가중하고 친고죄 부분을 삭제한 것이다. 더 이상 인터넷의 자정(自淨) 기능에 모든 걸 맡겨둘 수는 없다. 얼굴도 이름도 숨긴 채 뒤에서 욕하는 사람들이 스스로 나아지기만을 바랄 수는 없는 것이다.

 현행법상 형법에 '모욕죄'가 있다. 이 조항을 활용하지 않고 군이 사이버 모욕죄를 새로 만들 이유가 없다. 이는 입법(立法)의 남용으로 과잉 금지 원칙에 위반된다. 개인의 명예와 인권 보호 등과 관련된 처벌은 기존의 형법만으로도 충분히 할 수 있기 때문이다. 더 큰 문제는 형법상의 모욕죄가 친고죄[99]라서 피해자의 고소가 없이는 애초에 처벌이 불가능하지만 사이버 모욕죄는 그렇지 않다는 점이다. 이는 형법 체계에도 맞지 않다. 정부와 여당은 사이버 모욕죄를 고소 없이도 처벌할 수 있는 반의사 불벌죄(反意思 不罰罪)[100]로 규정해 수사 기관이 일방적으로 기소, 처벌할 수 있는 길을 텄다. 피해자가 고소를 하지 않아도 수사 기관이 임의로 개입해 처벌하겠다는 것이다. 이처럼 사법 기관이 임의적으로 수사해 처벌할 수 있게 한 데는 '정치적 의도'가 있어 보인다. 정부에 대한 비판의 목소리를 원천적으로 막겠다는 것이다. 사이버 모욕죄는 악용될 소지가 충분히 있다. 사이버 모욕죄가 성립한다면 일반 시민들의 표현의 자유와 근본적으로 충돌할 수밖에 없다.

---

97 형법 311조(모욕죄) : 공연히 사람을 모욕한 자는 1년 이하의 징역이나 금고 또는 200만 원 이하의 벌금에 처한다.

98 여러 번 죄를 저지르거나 같은 죄를 거듭하여 저지를 때, 형벌을 더 무겁게 하는 일

99 범죄의 피해자나 그 밖의 법률에서 정한 사람이 고소하여야 공소를 제기할 수 있는 범죄

100 피해자가 원하지 않으면('반의사') 처벌할 수 없는 범죄('불벌죄')

여론 수렴의
과정을 거쳐야

통상적으로 법안을 심의하는 데는 대략 7개월 정도가 걸린다. 우선, 공청회[101] 등을 통해 여론 수렴 과정을 거친다. 수렴된 여론을 바탕으로 만들어진 법안은 해당 상임위[102]에서 일정한 숙려('심사') 기간을 거친 다음에 본회의에 상정해 통과시킨다. 재적 의원 과반수의 출석과 출석 의원 과반수의 찬성이 있어야 의결된다. 그런데 이번에 논란이 됐던 법안들은 올해 초까지만 하더라도 심의 기간이 아예 없거나 고작 1~2개월 정도에 불과했다. 한나라당은 그런 법안들을 통과시키려고 했다. 이는 민주적 절차(여야의 대화와 타협)를 생략한 것이었다.

이후 수개월 동안 법안 내용에 대해서 여야 간 논쟁이 진행됐다. 그러나 합의점 도출에 실패한 한나라당은 단독으로 법안을 통과시키기에 이르렀다. 그런데 이 과정에서 일사부재의(一事不再議)[103] 위반과 대리 투표 논란이 일었다. 7월 22일, 이윤성 국회부의장이 국회의장을 대신해 의사를 진행하여 신문법과 방송법, IPTV법을 통과시켰다. 투표 과정에서 의결 정족수가 모자랐다. 그래서 다시 투표를 강

2009년 7월 22일 여야의 난투극 속에 열린 국회 본회의에서 이윤성 국회 부의장이 김형오 의장 대신 미디어 관련 3법 가운데 하나인 방송법을 재투표 끝에 통과시키고 있다. ⓒ연합뉴스

101 국회나 행정 기관에서 일의 관련자에게 의견을 들어 보는 공개적인 모임. 국민적인 관심의 대상이 되거나 사회 일반에 영향력이 큰 안건을 심의하기 전에, 국회나 행정 기관이 학자·경험자 또는 이해관계자를 참석하게 하여 의견을 듣는 공개회의다.
102 국회에서 각 전문 분야로 나누어 조직한 상설 위원회. 현재 국회 운영·기획 재정·국방 등 16개 상임 위원회가 있으며, 본회의에 앞서 그 소관에 있는 의안·청원 등을 심사한다.
103 의회에서 한번 부결된 안건은 같은 회기 중에는 다시 제출할 수 없다는 원칙이다.

행했다. 그러나 국회법 해설서에 따르면, 재석(在席) 의원이 과반수가
안 됐을 때는 투표 행위를 보류·중지하거나 산회(散會)를 선포하도
록 돼 있다. 또한, 국회법에 따르면 투표를 종결한 뒤에는 의장이 투
표 결과를 공표하도록 돼 있다. 그러나 이윤성 국회부의장은 투표 결
과를 공표하지 않은 채 "투표를 다시 해주시기 바랍니다."라고 외치
며 투표를 종용했다. 그런 식으로 진행된 재투표는, 일부 의원이 동료
의원들의 자리를 몇 개씩 뛰어다니며 대신 투표를 해줬다는 의혹에
휩싸여 있다. 그 결과 재투표의 적법성을 둘러싼 공방이 헌법재판소
로 넘어가게 됐다. 민주당은 헌법재판소에 미디어법 무효 심판을 청
구했다.

정부와 한나라당의 주장처럼 미디어법이 미디어 산업을 선진화
하고 경쟁력을 높이기 위한 거라면 아무도 그 법안에 반대하지 않을
것이다. 그렇게 좋은 법안이라면 공론의 장에서 좀 더 차분하고 진지
하게 논의해도 되지 않았을까? 무엇이 두려워서 그렇게 서둘러서 법
안을 통과시키려 했을까? 이명박 대통령은 새해 첫 연설에서 미디어
법과 관련된 국회 파행에 대해 "회의실 문을 부수는 해머가 대한민국
민주주의를 때리고 제 머리와 가슴을 때린 것 같아 아팠다."고 말했
다. 하지만 사회적 공론화와 합의 없이, 견제 장치에 대한 별다른 고
려 없이 미디어법을 일방적으로 밀어붙이는 모습도 결코 민주적으로
보이지 않았다. 일방적인 미디어법이 국민의 머리와 가슴을 때렸다.

마주 보고 달리는 두 대의 기차

안 개 속 남 북 관 계

이보다 더 나빠질 수 있을까? 남북 간의 군사적 충돌만 일어나지 않았을 뿐, 남북 관계가 악화 일로로 치닫고 있다. 최근 북한의 미사일 발사와 개성 공단 철수 등의 문제가 불거지면서 지난 10년 동안 남과 북이 어렵게 쌓아 온 신뢰가 급격히 깨지고 있다. 사실 이는 이명박 정부가 들어설 때부터 어느 정도 예상했던 일이다. 남북 관계는 왜 10년 전으로 돌아가고 있을까? 모든 관계가 상호적이라는 점을 고려한다면, 무작정 북한만을 나무랄 수도 없는 노릇이다. 이번 시간에는 극단으로 치닫고 있는 최근의 남북 관계에 대해 생각해 보도록 하자.

남북 갈등의
불씨

2008년 7월 11일, 금강산 관광이 중단되었다. 11월 12일에는 남북 간 판문점 적십자 직통 전화가 차단되었다. 11월 28일에는 남북을 오가던 열차가 멈춰 섰다. 12월 1일에는 개성 공단에 상주하던 남측 인력의 절반가량이 철수했다. 이렇게 남북경협('경제 협력') 3대 사업인 금강산 관광, 남북 철도 연결 사업, 개성 공단은 차례로 위기를 맞았다.

최근의 남북 관계는 10년 전으로 돌아간 느낌이다. 지난 10년 동안 어렵게 쌓아 온 남북의 신뢰가 이명박 정권이 들어선 뒤부터 급속히 깨지고 있기 때문이다. 새 정권 출범 이후, 남북 대화는 끊긴 지 오래다. 남북 당국자 간의 대화조차 한 번도 제대로 이루어진 적이 없다. 대화는커녕 사건, 사고만 계속 발생하고 있는 실정이다. 지금까지 발생했던 큼직한 사건들만 정리해 봐도 남북 관계가 얼마나 틀어져 있는지 짐작할 수 있다.

2008년

04.01 : 북한 〈노동신문〉, 이명박 대통령의 실명 거론하면서 '역도
(逆徒)'[104] 라고 비난

07.11 : 북한군 총격으로 금강산 관광객 사망

12.01 : 북측 군사 분계선 육상 통행에 대한 제한·차단 조치

2009년

01.17 : 인민군 총참모부 대변인, 대남 '전면적 대결 태세 진입' 발표

01.30 : 조국평화통일위원회(조평통), 남북 간 정치적·군사적 대결
상태 해소 관련 합의 무효화 선언

03.30 : 북한, 현대 아산 직원 체제 비판 혐의로 체포 – 조평통, "남
한 PSI[105] 참여는 북에 대한 선전 포고로 단호한 대응 조치
취할 것" 발표

04.05 : 북한 장거리 로켓 발사

05.15 : 북한 개성 공단 관련 법규와 계약 무효화 선언

제시된 내용만 보자면, 항상 문제를 일으킨 당사자가 북한처럼
보인다. 남북 관계가 악화된 책임을 모두 북한에게만 돌릴 수 있을
까? 이명박 정부와 여당인 한나라당은 그렇게 여기고 싶어 하는 듯하

---

104 역적(逆賊)의 무리

105 Proliferation Security Initiative : 핵무기와 미사일 등 대량 살상 무기가 확산되는 것을 막기
위해 무기 자체와 무기 제조용 물질을 실은 선박 등을 물리적으로 차단하자는 국가 간 약속이
다. 참여국의 자발적 의사에 따른 일종의 '자발적 의지의 연합체(coalition of the willing)' 성
격을 띠고 있다. 즉 의무적으로 PSI에 참여해야 하는 것은 아니다. 결국 의무적으로 참여해야
하는 것도 아닌데 한국이 굳이 PSI에 참여하려는 배경에는 북한을 압박하려는 의도가 깔려
있다고 볼 수 있다.

다. 그러나 모든 관계가 '상호적'이라는 점을 고려하면, 특히 남북 관계처럼 특수하고 예민한 관계에서는 더욱 그렇다는 점을 고려하면, 모든 책임을 북한에만 떠넘길 수는 없을 것이다. 북한의 강경한 태도는 남한의 모습을 비추는 거울과 다르지 않다. 남북의 갈등은 상호적이다.

사실상 이 정권이 시작되기 전부터 갈등의 불씨는 서서히 타오르고 있었다. 대통령 선거 운동 기간, 대통령직 인수위원회[106] 시절부터 불씨가 타오르기 시작했다. 그때부터 우리 쪽에서는 통일부를 폐지해 외교부 산하로 흡수하자고 주장하거나 10·4 선언[107]을 인정하지 않는 듯한 뉘앙스를 풍겼다. 현재 통일부 장관으로 있는 현인택 장관은 대통령직 인수위원회 외교·통일·안보분과 인수위원이었을 때 통일부 폐지를 공공연하게 주장했다. 그런 인물이 현재 통일부 장관을 맡고 있는 것이다. 아이러니가 아닐 수 없다.

게다가 대선(大選) 당시 이명박 후보는 지난 10년 간의 남북 관례를 '퍼주기'로 규정하면서 '비핵·개방·3000'이라는 대북 전략을 제시하기도 했다. '비핵·개방·3000'의 요지는 북한이 남한에 '비핵과 개방'을 주면, 그 대가로 남한이 북한에 국민 소득 '3000' 달러를 주겠다는 것이다. 이는 이명박 대통령이 평소 강조하는 실용주의에 입각한 상호주의적 대북 정책이라 할 수 있다. 그러나 북한의 반응은 싸늘했다. 북한은 이명박 후보의 '비핵·개방·3000'을 결코 선의(善意)로 받아들이지 않았다. 북한은 '비핵·개방·3000'에 대해 "소 대가리가 웃다가 꾸레미[108]가 터질 노릇"(〈조선중앙 TV〉, 2008년 4월 23일)

이라며 비웃었다. 이명박 후보의 대북 정책에 대해 북한은 가소롭기 그지없다는 반응이었다. 여기까지가 이명박 정권이 들어서기 전에 벌어진 일이다. 여기까지만 봐도 향후 이명박 정권과 북한이 어떤 관계를 맺게 될 것인지를 충분히 짐작할 수 있을 것이다. 상호주의적 대북 정책이 화근(禍根)이 돼 남북은 다시 예전의 대결 구도로 돌아가게 된다.

---

106 대통령 당선인이 대통령직의 원활한 인수를 위해 구성하는 위원회이다.
107 2007년 10월 4일, 노무현 대통령과 김정일 북한 국방위원장이 공동으로 발표한 '남북 관계 발전과 평화 번영을 위한 선언'이다. 군사적 적대 관계 종식을 위한 협력과 불가침(不可侵) 의무 준수, 종전(終戰) 선언을 위한 당사국 회의의 한반도 개최, 서해평화협력특별지대 설치, 경의선 화물 철도 개통과 안변·남포 조선협력단지 건설, 백두산~서울 직항로 개설 , 11월 중 서울에서 남북총리회담 개최 등 8개항을 담고 있다.
108 소가 곡식이나 풀을 뜯어먹지 못하게 하려고 소의 주둥이에 씌우는 물건

대북 정책의
방향과 조치

이명박 정권의 대북 정책은 큰 틀에서부터 상당히 모호했다. 상생과 공영의 비전을 추구한다면서, '햇볕 정책'이라 불리는 지난 정권의 대북 정책을 이어 갈지 아니면 중단할지에 대한 입장조차 분명하게 밝히지 않았다. 또 '10·4 남북 공동 선언'의 이행 문제를 남북 간에 논의하자고 이야기하면서도 정작 그 선언을 수용할지에 대해서는 태도가 모호했다. 애초부터 남한과 북한 사이에 신뢰가 싹트기 어려운 상황이었던 것이다.

외교에서 큰 문제가 없다면 정권 교체와 상관없이 이전 정부가 맺은 협정이나 천명한 선언은 지키고 계승할 필요가 있다. 그것이 국가 간 신뢰를 쌓는 길이다. 세상에 어떤 나라가 이전 정부에서 정상 간 합의를 거쳐 천명한 선언을 받아들일지 말지를 고민하는 상대국을 믿고 관계를 이어 갈 수 있겠는가? 이명박 정부는 처음부터 북한에 아무런 신뢰를 주지 못했다.

정책의 전체적인 방향이 모호한 것에 비해 세부적인 대북 조치

노무현 대통령과 김정일 국방위원장이 2007년 10월 4일 오후 평양 백화원 영빈관에서 공동성명문에 서명한 뒤 악수하고 있다. ⓒ 연합뉴스

들의 성격은 분명했다. 그것은 대단히 단호하고 공세적(攻勢的)이었다. '금강산 관광객 피격'이라는 우발적 사건을 국제 무대에 올려 대북 공세의 수단으로 삼았고, 굶주리는 북한 동포를 위해 인도주의 차원에서 매년 지원하던 쌀을 제공하지 않았다. 그 대신, 북한 인권 문제에 대한 압박을 더욱 강화했다. 2009년 3월 26일, 유엔(UN) 인권 이사회에서 '대북인권결의안'[109]을 채택할 때 우리 정부는 공동 제안국으로 참여했다. 북한 입장에서는 남한의 달라진 움직임이 대결적 자세로 비쳤을 게 분명하다.

최근에는 여기에서 더 나아가 북한 인권법을 꺼내들기도 했다. 한나라당은 윤상현 의원의 발의로 '북한인권법안'을 국회 외교통상통일위원회에 제출해 놓은 상태다. 한나라당은 4월 임시 국회 중에 이 법안을 통과시키겠다는 입장을 밝혔으나 결국 무산되고 말았다. 물론 우리는 북한 인권 문제에 관심을 가질 수 있고, 또 이를 개선하기 위해 노력할 수 있다. 그러나 이와 같이 북한의 인권 상황을 비난하며 특별법을 제정한다고 해서 문제가 근본적으로 해결되는 건 아니다. 그깟 '특별법'을 제정한다고 북한의 인권 상황이 달라지겠는가? 더 중요한 것은 북한 인권 상황의 개선은 남북 관계 진전과 병행돼야 할 문제란 사실이다. 인권 개선을 소리 높여 주장하다 오히려 남북 관계만 악화시키는 결과를 낳을지도 모른다. '북한인권법안'이 북한의 입장에서는 '내정 간섭'으로 여겨질 수 있다는 점을 기억할 필요가 있다.

정부가 진정 북한의 인권을 생각한다면, 인도주의적 차원에서라도 하루빨리 북한에 쌀을 제공해 북한 주민들이 굶지 않도록 해야 한다. 현재 우리 정부는 북한의 식량난이 그리 심각하지 않다며 쌀을 제공하지 않고 있다. 대북 식량 지원은 남북이 이미 합의한 사안임에도 불구하고 말이다. 북한이 먼저 식량 지원을 요청하기 전까지는 그저 기다리겠다고 한다. 이명박 정부가 진정 북한의 인권을 생각하는 것인지, 아니면 단지 북한을 비난하기 위한 수단으로 인권을 들먹이는 것인지 되묻지 않을 수 없는 대목이다. 지금 북한 주민들에게는 쌀이 곧 인권이다.

게다가 우리는 김정일 국방위원장의 건강 이상 문제를 놓고 비상 대책을 논한다며 북한의 가장 민감한 부분을 자극하기도 했다. 외교적으로 한 국가를 이끌고 있는 최고 지도자의 건강 문제는 해당 국가가 아니고서는 거론하지 않는 사안이다. 내정 간섭으로 비칠 수 있는 민감한 문제이기 때문이다. 돌발 사태에 대한 대비가 필요하다면 조용히 내실 있게 해야지 떠들썩하게 내세울 일이 결코 아니었다. 그럼에도 불구하고 우리 정부는 안보 관련 장관 회의를 열어 이를 비중 있게 논의했으며, 일부 언론은 김정일 사후(死後)의 후계 구도를 분석하며 국가비상사태를 운운했다. 북한 입장에서는 대단히 불쾌했을

----

109 2009년 3월 26일, 유엔인권이사회에서 의결됐다. 이 결의안은 북한에서 자행되는 고문, 공개 처형, 자의적 구금, 강제 노역 등을 지적하고 있다. 결의안 자체는 법적인 구속력을 갖고 있지는 않다. 다만 결의안은 유엔과 관련 국가들이 북한의 인권 상황에 압박을 가할 근거가 된다. 유엔에서 이번 결의안이 처음 채택된 건 아니다. 지금까지 4년 연속 '대북인권결의안'이 채택되었으나, 그동안 우리 정부는 남북 관계의 특수성을 감안해 표결에 불참하거나 기권해 왔다.

것이다.

　　북핵 문제도 마찬가지였다. 지금까지 이명박 정부는 북핵 문제에서 때로는 한·미·일 공동으로, 때로는 단독으로 북한에 대해 상당히 공세적인 태도를 취해 왔다. 지난해 미국이 '핵 불능'을 조건으로 북한을 테러 지원국에서 해제한 것에 다소 불만을 드러내기도 했고, 북핵에 관한 완전하고 확실한 검증 의정서 채택에 합의하지 않았다는 이유로 대북 에너지(중유) 제공을 유보하자고 주장하기도 했다. 최근에는 북한 미사일 발사 문제에 대해 미국, 일본과 공조하여 유엔안전보장이사회를 통한 강경 대응을 추진하기도 했다.

북한의
대남 강경 조치들

모든 책임을 우리 정부에만 돌릴 수는 없다. 백보 양보해서 근래 남북 경색의 실마리를 제공한 것이 남한이라 해도, 북한 역시 억지 논리와 대결적 자세로 남북 관계를 악화시킨 책임에서 자유로울 수 없기 때문이다. 북한은 기존 합의와 약속을 무시하고, 우리 국민의 생명과 안전을 경시했다.

북한은 기존의 합의와 관행을 번번이 깨뜨렸다. 1999년과 2002년 두 차례 발생한 서해 교전[110]은 정전(停戰) 협정을 위반해 발생했다. 북한이 2006년에 벌인 지하 핵실험도 1992년 발표된 '남북 기본 합의서'를 위반한 것이다. 합의서에는 "남과 북은 핵무기 시험·

---

[110] 서해 연평도 서쪽 해상에서 벌어진 남북 함정 사이의 해전. 북한 경비정이 북방한계선(NLL, Northern Limit Line)을 넘어와 선제 기습 포격하면서 시작됐다. 특히 2002년에 벌어진 교전에서 한국 해군 윤영하 소령 등 6명이 전사하고 19명이 부상을 입었다. 서해 교전으로 불리다가 '제1연평해전', '제2연평해전'으로 불리고 있다. 북방한계선은 남북간 육상 경계선을 설정한 정전 협정 직후 마크 클라크 유엔군 사령관이 북한과 협의 없이 일방적으로 설정해 북한에 통보한 해상 한계선이다. 북한은 1973년 NLL 남쪽을 북한 수역이라고 주장한 이후 번번이 NLL을 넘어왔다.

제조·생산·접수·보유·저장·배비·사용을 하지 아니한다."라고 명시되어 있다.

올해 북한은 개성 공단의 임대료와 북한 근로자들의 임금 인상을 요구하기도 했다. 북한은 토지 임대료는 31배(1600만 달러→5억 달러), 근로자 임금은 4배(75달러→300달러) 인상, 토지 사용료 부과(평당 5~10달러 신설)를 일방적으로 요구했다. 그러나 이는 '개성 공업 지구에 관한 법률'에서 규정한 노동 조건에 어긋난다. 이 법률에 따르면 개성 공단에 입주한 업체는 학력, 나이, 성별에 관계없이 동일한 임금을 지급하고, 북측은 연간 5% 범위 내에서만 임금 인상을 요구할 수 있다. 개성 공단에는 모두 106개 업체가 입주해 있다. 업체 대부분이 신발, 의류, 봉제 등 단순 제조업종이다. 이런 업체들에 한꺼번에 임금을 4배나 올려달라는 요구는 개성 공단에서 나가라는 소리밖에 안 된다. 아무리 사회·경제 체제가 다르다 해도 이렇게 일방적이고 터무니없는 요구가 어디 있나?

이밖에도 우리 국민의 안전이나 생명과 관련된 몇몇 사건이 발생했다. '금강산 관광객 피살'과 '개성 공단 근로자 억류'가 대표적이다. 2008년 7월 11일에 벌어진 금강산 관광객 피격 사건은 남한 사람들이 북한을 불신하게 된 결정적인 계기였다. 북한은 이 사건을 그저 우발적인 사고로 주장하면서 진상 조사에 적극적으로 응하지도 않았다. 악화된 남북 관계와 상관없이 인도적 차원에서 철저한 진상 조사에 협력했어야 마땅한데도, 북한은 그렇게 하지 않았다. 이 사건을 기점으로 남북 관계는 급속히 냉각됐다.

최근에는 북한의 로켓 발사를 앞두고 우리 정부가 PSI 가입 방침을 천명하자, 개성 공단 근로자인 현대 아산 직원 유 모 씨를 억류하는 사건이 발생하기도 했다. 유 씨는 지난 3월 30일 북한 체제 비판 등의 이유로 북한 당국에 체포돼 억류 136일 만인 8월 13일에서야 석방됐다. 억류 당시 북한 당국은 우리 정부에 억류 이유조차 제대로 알려 주지 않았다. 북한 주장대로 유 씨가 북한 체제를 비판한 잘못을 저질렀다 해도, 정당한 절차 없이 우리 국민을 체포, 억류해서는 안 된다. 유 씨가 북한 실정법을 위반한 게 사실이라면, 우리 정부에 사과와 재발 방지를 요구하는 순으로 문제를 풀었어야 했다.

이뿐만 아니라 상대 국가의 원수를 대하는 태도에서도 북한은 도를 넘어선 모습을 보이고 있다. 가령, 4월 1일 북한 〈노동신문〉은 이명박 대통령의 실명을 거론하면서 '역도'라고 비난했다. 아무리 북한 입장에서 남한 정부가 맘에 들지 않는다 해도, 상대국의 원수(元首)를 가리켜 '역도' 운운하는 것은 국제적인 관례에 상당히 어긋난다. 상대국의 원수를 모욕하면서 그 나라와 원만한 관계를 유지할 수 있으리라 기대하는 것은 어렵다.

남과 북,
평화로운 관계를
모색해야

이명박 정권이 들어서고 지난 1년 반 동안 남북 관계는 180도 달라져 버렸다. 조선 인민군 총참모부 대변인이 "서울이 군사 분계선으로부터 불과 50km 안팎에 있다는 것을 한순간도 잊지 말아야 한다."(2009년 4월 18일)고 위협하는 상황까지 왔다.

북한의 대남 강경 조치는 이명박 정부의 태도에 대한 반작용으로 취해진 측면이 있다. 이명박 정부와 한나라당은 북한이 처음부터, 다시 말해 이명박 정부 출범 전부터 남북 관계를 경색시키려는 의도를 가지고 있었다고 주장한다. 따라서 남북 경색의 책임은 현 정부에 있지 않다고 항변할 것이다. 하지만 이는 이명박 대통령이 후보 시절이나 당선 직후 대통령직 인수 위원회(이하 '인수위')의 활동을 통해 북한에 어떤 신호를 보냈는지를 전혀 고려하지 않은 주장에 불과하다. 앞에서 지적한 것처럼 당시 이명박 후보는 10·4 선언을 부정하는 듯한 제스처를 취했고, 인수위는 통일부 폐지를 소리 높여 주장했으며 남북 관계를 한미 동맹에 종속시키려 했다. 이러한 일들을 쏙 빼놓은 채 북한의 태도만 문제 삼아서는 안 된다.

우리 정부는 대북 정책을 하루빨리 전환해야 한다. '대북 길들이기'는 가능하지도 않을 뿐더러 오히려 더 큰 문제를 낳을 수 있다. 과거 부시(G. W. Bush) 정부를 생각해 보자. 부시 정부는 지난 6년 동안 북한을 길들이기 위해 온갖 노력을 다했지만 결국 실패하고 말았다. 부시 정부의 전철을 밟지 않으려면 남북 관계의 경색을 풀 수 있는 방향으로 대북 정책을 전환해야 한다.

북한 역시 마찬가지다. 남북 관계가 최악의 상황으로 치닫고 있는 지금, 북한에도 남북 갈등의 책임이 있다. 어떤 이유로든 교류·협력의 최대 성과물인 개성 공단까지 대남 압박 수단으로 삼은 것은 정당화될 수 없다. 금강산 관광객 피살 사건에 관한 책임을 남쪽에 떠넘기는 듯한 행태도 잘못이다. 남쪽 정부 고위 인사들에 대해 원색적인 비방을 계속하는 것 역시 남북 간 신뢰를 해치는 일이다. 북한은 핵 실험이나 미사일 발사 같은 도발적인 행동은 자제하고 적극적으로 남북 대화에 나서야 한다.

남과 북은 이념과 체제가 완전히 다르다. 상대를 이해하고 배려하는 자세가 없으면 관계가 얼어붙고 갈등이 증폭될 수밖에 없다. 남북은 지금이라도 대결적 자세를 지양하고 대화에 적극 나서야 한다. 상대를 길들이겠다는 자세로는 관계의 회복이 불가능하다는 것을 남과 북 모두가 하루빨리 깨닫기를 바란다.

바보 대통령

사람 사는 세상을 꿈꾼 서민 대통령, 노무현

노무현 전 대통령의 죽음을 애도하며 대한민국이 울었다. 노 전 대통령이 서거한 5월 23일부터 영결식이 거행된 5월 29일까지 그를 추모하는 물결이 5백만 명의 발길로 이어졌다. 이번 시간에는 노무현 전 대통령(본문에서는 호칭을 생략한다)이 걸어온 길과 재임 시절에 역점을 두고 펼친 사업, 그리고 떠나면서 우리에게 남긴 과제를 살펴보기로 하자.

노무현이 걸어온 길 :
변방(邊方)에서 변방으로

빈농(貧農)의 아들, 지방 출신, 고졸 학력, 인권 변호사, 재야(在野) 정치인. 노무현(1946~2009)은 늘 비주류(非主流)였다. 그런 그가 대통령의 자리에 올랐다. 아무도 예상하지 못한 일이었다. 그래서였을까. 대한민국의 주류(한나라당, 보수언론, 검찰 등)는 그를 대통령으로 인정하지 않으려 했다. 그 증거가 바로 우리 헌정(憲政)사상 초유의 사태였던 대통령 탄핵(彈劾)이다. 노무현은 재임 1년 뒤 "대통령이 뭘 잘 해서 우리당이 표를 얻을 수만 있다면 합법적인 모든 것을 다하고 싶다."(2004년 2월 4일, 방송기자클럽 초청 기자 회견)는 발언을 빌미로 탄핵의 폭풍을 맞았다. 그래서 어떤 이들은 말한다. 그의 죽음은 자살이 아니라 주류에 의한 타살이라고.

　가난한 환경에서 성장한 노무현은 3년 장학금 제안을 받고 부산 상고에 진학했다. 그의 학력은 고등학교 졸업이 전부다. 고등학교를 졸업한 뒤에는 작은 어망 회사에 취직했지만, 대졸자에 비해 턱없이 적은 임금에 항의하다가 한 달만에 그만뒀다. 고향인 경남 김해시 진영읍으로 내려간 그는 흙집을 짓고 독학으로 사법 시험을 준비했다. 때로는 책값이 없어 막노동을 하기도 하며 1975년, 우여곡절 끝에 제17회 사법 시험에 합격할 수 있었다. 그 뒤 1년간은 대전 지방 법원 판사로 재직했지만, 이듬해인 1978년에 변호사로 개업했다. 이후 그는 세무(稅務) 전문 변호사로 활동했다.

그가 한창 잘나가는 세무 전문 변호사로 활동하던 당시, 정국은 매우 어수선한 분위기였다. 1979년 10·26 사태[111]로 박정희 대통령이 사망한 뒤, 전두환, 노태우, 정호용 등이 소속된 하나회를 중심으로 이루어진 신군부(新軍部) 세력은 12·12 쿠데타를 일으켜 '제5공화국'을 탄생시켰다. 신군부 세력은 5·18 민주화 운동을 비롯한 국민들의 민주화 요구를 무력으로 진압하며 강압적으로 통치권을 장악하였다. 또 7년 단임(單任)의 대통령을 간접 선거[112]로 선출하는 헌법을 공포(公布)하였고, 그 헌법을 지렛대 삼아 전두환이 제12대 대통령으로 선출됐다.

1981년 부림 사건이 발생했다.[113] 이 사건은 그가 돈 잘 버는 세무 전문 변호사의 길을 벗어던지고 인권 변호사로 거듭나는 계기가 됐다. 이 사건의 무료 변론을 맡은 그는 57일 간이나 불법 구금됐던 학생의 온몸에 남은 고문 흔적과 공포에 질린 눈을 보고 신군부(新軍部)의 실상을 목격했다. 그는 법정에서 고문과 조작을 폭로하며 검찰과 충돌했고, 이후 인권 변론에 치중하면서 민주 투사로 변신했다.

1985년에는 송기인 신부의 주도로 만들어진 부산민주시민협의회에 상임위원으로 참여하면서 노무현은 본격적으로 재야 운동에 뛰어들었다. 그전까지 변호사로서 재야 운동을 측면 지원하는 수준이었다면, 이제 본격적인 운동가로 나서게 된 것이다. 1987년 1월, 서울대생 박종철이 치안본부대공수사단에 연행돼 물고문을 당한 끝에 사망하는 사건이 발생하였다. 그 당시 이 사건에 분노한 노무현은 박종철 군의 추도 집회를 주도하다 최루탄을 뒤집어쓴 채 경찰서로 끌려가기도 했다. 그 뒤 '민주헌법쟁취 국민운동 부산본부'의 상임집행위원장을 맡은 그는, 6월 민주항쟁의 주역으로 유명세를 떨쳤다. 그러나 변호사 자격을 박탈당하면서 인권 변호사의 길은 끊어지고 만다.[114]

이후 노무현은 부산 동구에 출마하여 제13대 국회의원에 당선됐다.(1988년) 그 당시 그는 '5공 비리 조사 특위'에서 날카로운 질문과 추궁으로 일약 '청문회 스타'로 발돋움했다. 하지만 1990년 3당 합당에 반대하면서부터 그의 정치 인생에는 빨간불이 켜졌다. 14대 총선 낙선, 1995년 부산시장 낙선, 1996년 15대 총선 낙선. 그는 연이은 낙선의 고배를 마셔야 했다. 그나마 98년 7월에 치러진 종로구 보궐선거에 당선된 게 고작이었다. 2000년 16대 총선에서 자신의 지

---

111 중앙정보부 부장 김재규가 박정희 대통령을 살해한 사건
112 특정 수의 중간 선거인을 뽑고, 그 중간 선거인이 대표자를 선출하는 제도
113 전두환 정권 초기인 1981년 9월 부산 지역 민주 인사들 22명을 이적(利敵) 표현물을 열람했다는 이유로 국가 전복 세력으로 구속한 사건이다. 영장 없이 체포, 구속된 이들은 온갖 고문을 통해 공산주의자로 조작됐다.
114 1987년 9월, 대우조선의 이석규 씨가 파업 중 거리시위를 나왔다가 경찰의 최루탄에 맞고 사망하는 사건이 발생했다. 그러자 당시 변호사였던 노무현은 임금 협상과 보상 등의 문제와 관련하여 노동자 편에서 상담과 변론을 해 주었는데, 이것이 문제가 돼 구속되기도 했다.

역구인 종로구를 뒤로하고 다시 부산에 도전하지만 또 한번 낙선하고 말았다. 이때 붙여진 별명이 바로 '바보 노무현'이다.[115] 그의 정치 인생에서 그가 국회의원으로 있었던 기간은 고작 5년 8개월 정도였다. 어찌 보면 정치인으로서 그의 삶은 실패와 좌절의 연속이었는지도 모른다. 그것은 그가 선택한 가시밭길이었다. 하지만 결과적으로 이는 노무현에게 매우 중요한 정치적 자산(資産)이 된다. 그를 지역주의에 온몸으로 맞선 정치인으로 도드라지게 했기 때문이다. 사람들은 무능한 정치인이 무모한 도전과 당연한 실패를 반복한 게 아니라 유능한 정치인이 과감한 도전과 아쉬운 실패를 거듭한 것으로, 그의 노력을 인정하기 시작했다.[116]

2002년 3월 9일, 제주도를 시작으로 전국 16개 시도에서 새천 년민주당의 국민참여경선이 시작됐다. 국민참여경선은 우리 정치사에서 처음으로 시도한 정치 실험이었다. 한 당의 대통령 후보를 국민들이 직접 참여해서 선출하는 상향식 방식이었다. 노무현은 '개혁과 통합'의 기치를 내걸고 그 당시 유력 후보였던 이인제를 제치고 경선에서 승리하는 파란을 일으켰다. 그는 후보 수락 연설에서 "우리 아이들에게 정의가 승리하는 역사를 물려주자"고 부르짖었다. 이후 대통령 선거 운동 과정에서는 '희망 돼지 저금통'이라는 또 다른 실험이 진행됐다. 당시 유력 대선 후보였던 이회창에 비해 돈과 세력이 모자랐던 노무현은 국민이 후원금을 내고 대통령 후보를 지원하는 방식을 택했던 것이다. 많은 사람이 여기에 동참해 60억 원 이상의 국민 성금이 모아졌다. 그리고 모두의 예상을 뒤집고 노무현은 마침

내 제16대 대통령에 당선됐다. 시민들의 자발적인 참여와 인터넷을 활용한 선거 운동 등에 힘 입은 결과였다. 당내 별다른 기반도 없었던 노무현 후보의 당선은, 호남을 지역 기반으로 하는 새천년민주당에서 영남(경상남도 김해에서 태어났다) 출신 대선 후보의 당선이라는 점에서, 많은 이들에게 지역주의 해소의 가능성을 꿈꾸게 했다.

---

115 부산에서의 낙선을 계기로 그를 지지하는 시민과 네티즌들이 모여 대한민국 최초의 정치인 팬클럽인 '노무현을 사랑하는 사람들의 모임'(일명 '노사모')을 결성한다. '노사모'는 우리 정치사(政治史)에 국민들의 자발적인 정치 참여라는 새로운 가능성을 열었다.

116 한국 정치사(政治史)에서 지역주의와 계파(系派) 정치가 차지하는 무게를 알지 못하면, 노무현의 도전이 지닌 의미를 제대로 파악하기 어렵다. 지역주의와 계파 정치는 여전히 우리 정치가 청산해야 할 현재형의 문제들이다. 언론에서 한나라당을 두고 친이계니 친박계니 하는 표현들을 종종 쓴다. 여기서 친이계는 친(親)이명박계를, 친박계는 친(親)박근혜계를 가리킨다. 즉, 친이계나 친박계라는 표현은 계파 정치와 관련 있다. 앞에서도 잠깐 언급한 것처럼 노무현은 3당 합당에 반대했다. 그는 3당 합당을 '집권욕에 눈이 먼 야당 지도자들이 군사 독재 잔당(殘黨)인 여당과 벌인 밀실 야합(野合)'이라고 비판했다. 당시 제2야당인 통일민주당의 김영삼 총재는 현재의 구도로 간다면 차기 대통령 선거에서 제1야당인 평화민주당의 김대중 총재에게 밀릴 것으로 판단했다. 결국 김영삼은 집권당인 민주정의당과 비밀리에 합당 협상을 벌였다. 협상의 결과로 집권당이었던 민주정의당(총재 노태우)은 제2야당인 통일민주당(총재 김영삼)은 물론 제3야당인 신민주공화당(총재 김종필)과 합당해 통합 민주자유당을 출범시켰다.(참고로, 노태우는 제13대 대통령에, 김영삼은 제14대 대통령에 당선된다.) 당시 노무현은 통일민주당 소속이었는데, 3당 합당에 반대하며 김영삼을 따라가지 않은 채 민주당을 결성했다. 군사 독재에 맞서 민주화 운동을 했던 김영삼이 군사 독재의 하수인인 노태우의 품으로 달려가는 것을 노무현은 결코 받아들일 수 없었다. 노태우는 전두환과 함께 12·12 쿠데타를 주도한 인물이었기 때문이다. 김영삼에 반기를 듦으로써 노무현은 계파 정치의 그늘에서 벗어나게 됐다. 그러나 부산 유권자들은 군소(群小) 정당인 민주당보다 집권당인 민주자유당에 번번이 표를 던져 주었다. 그럼에도 불구하고 노무현의 도전은 멈출 줄 몰랐다.

노무현이 던져준 빛 :
새로운, 너무나 새로운

노무현은 낡은 가치와 사고를 배격했다. 그는 우리 사회 곳곳에 자리하고 있는 구습(舊習)의 장벽을 허물기 위해 노력했다. 그로써 그는 새 시대의 맏형이 되고자 했다. 하지만 대통령 임기를 마무리할 즈음, 그는 자신이 새 시대의 맏이가 아니라 구시대의 막내가 될 것 같다고 고백했다. 그간의 시도들을 통해 새 시대가 열렸다고 확신할 수 없는 자의 쓸쓸함과 아쉬움이 배어 있는 고백이었다. 그렇게 그는 구시대의 가치와 사고가 자신의 시대에 종식되기를 간절히 바랐다. 그가 싸웠던 구시대의 유물에는 어떤 것들이 있을까?

권위주의를 청산하다

노무현은 국민 위에 군림하지 않는 대통령이 되기 위해 힘썼다. 그래서 그는 재임하자마자 권력을 국민에게 돌려주는 일에 착수했다. 대표적으로 검찰, 경찰, 국가 국정원, 국세청 등 대표적인 권력 기관을

2003년 3월 9일 정부종합청사에서 열린 노대통령,
전국검찰과의 대화에서 검사들이 노대통령에게 날
카로운 질문을 하고 있다. ⓒ연합뉴스

대통령 권력으로부터 독립시켰다. 국가정보원장의 주례 독대 보고
(매주 대통령에게 단독으로 보고하는 것)를 폐지하고, 법관 출신인 강금실
변호사를 법무부 장관으로 발탁해 검찰 문민화(文民化)를 추진했다.
당시까지 법무부 장관은 언제나 검찰 출신 인사가 되는 게 관례였
다. 이뿐이 아니었다. 그전까지 총리가 주재하던 국무회의는 물론 청
와대 수석 비서관 회의까지 직접 주재했다. 국무회의엔 장관뿐만 아
니라 관련 실무자까지 참석해 자신의 의견을 대통령 앞에서 자유롭
게 얘기할 수 있도록 했다. 그가 자유로운 의견 개진과 격의 없는 토
론을 매우 중시했기 때문이다. 사상 초유의 '평검사와의 대화'도 그
런 맥락에서 이루어졌다.[117] 우리 국민은 노무현 정권에 이르러서 '군
림하는 대통령'이 아니라 '토론하는 대통령'의 모습을 처음으로 목격
하게 됐다. 권위주의의 청산은 자연스럽게 참여민주주의의 확산으로
이어졌다. 적어도 노무현 대통령 재임 시절 언론과 표현, 그리고 집회
의 자유는 크게 신장했다.

지방 분권과 지역 균형 발전을 추구하다

노무현은 국토 개발이 수도권 중심으로 이루어지는 것에 대해서 회
의적이었다. 그뿐만 아니라 중앙 정부에 집중된 권력을 지방으로 이
양(移讓)해야 한다고 생각했다. 그래서 추진한 사업이 바로 행정 수
도 이전과 175개 공공기관의 지방 이전이었다. 곧 수도 서울이 가지
고 있는 정치, 경제, 문화, 언론, 외교, 행정 등 다양한 기능 중에서 '행

정'만을 떼어 내 수도권에 집중된 역량을 분산시키려고 했다. 하지만 행정 수도 이전에는 우여곡절이 많았다. 그 당시 이명박 서울 시장은 "수도 이전은 탱크를 동원해서라도 막겠다."는 발언을 했고, 수도권의 민심도 상당히 나빠졌다. 그 결과 2004년 1월 공포된 '신(新)행정 수도 건설을 위한 특별 조치법'에 대한 위헌 소송이 제기됐고, 그해 9월 헌법재판소는 "서울이 수도라는 것은 관습 헌법"이라는 근거로 위헌 결정을 내렸다. 결국 행정 수도 사업은 규모를 대폭 줄인 '행정 중심 복합 도시'로 모습을 바꿔 다시 추진됐다. 또한 행정 도시와 별도로 175개 공공기관을 지방으로 이전하면서, 각 지역별로 혁신 도시(6개), 기업 도시(10개) 등 17개 균형 발전 도시를 선정해 지역 발전의 견인차로 삼으려 했다.

지역주의에 도전하고 정치를 개혁하다

지금 열린우리당이라는 정당은 세상에 존재하지 않는다. 노무현은 어느 인터뷰에서 이렇게 고백한 적이 있다. "임기 중 가장 힘들었던 때는, 탄핵을 당했을 때보다 열린우리당이 무너질 때가 더 고통스러웠다."(2007년 9월 2일, 〈오마이뉴스〉와의 인터뷰) 그만큼 열린우리당의 창

---

117 노무현 대통령이 강금실(당시 47살)이라는 젊은 변호사를 법무부 장관으로 임명하자 검찰 조직이 술렁거렸다. 당시까지의 장관 인사 관례와 상당히 달랐기 때문이다. 특히나 일선 평검사들의 반발이 심했다. 그래서 임명권자인 대통령이 평검사들과 공개적으로 토론을 벌이게 됐는데, 그게 바로 '평검사와의 대화'다.

당(創黨)은 그의 정치 인생에서 매우 중요한 사건이었다. 열린우리당은 하나의 실험이었다. 2003년 11월, 지역주의 타파와 정치 개혁을 실현하기 위해 열린우리당은 창당됐다. 열린우리당은 호남을 지역기반으로 하고 있던 새천년민주당에서 떨어져 나왔다. 그 뒤 열린우리당은 노 대통령 탄핵소추의 바람을 등에 업고 제1당으로 급부상했다. 노무현은 공천권[118]과 당직자 임명권을 통해 당을 좌지우지했던 과거 '총재님'들의 모습과 결별했다. 그는 대통령의 집권당 총재직 겸임을 거부하고 그저 평당원 신분을 유지했다. 철저하게 당정(堂政) 분리를 실천한 것이다. 그는 여당이 청와대의 거수기 노릇만을 하지 않도록, 곧 여당과 청와대가 건강한 긴장 관계를 유지할 수 있도록 당에 자율권을 부여했다. 그로써 국회의 독립성을 보장하려고 했던 것이다. 하지만 결과는 참담했다. 대통령이 당내 굳건한 지지 기반이 없는 상태에서 더군다나 지지율까지 급락하자, 급기야 탈당(脫黨)을 요구받는 처지에 이르게 됐다. 결국 2007년 2월, 그는 열린우리당을 탈당하였다. 열린우리당 역시 2008년 2월, 다시 민주당과 합당(合黨)함으로써 역사 속으로 사라지고 말았다.

구시대의 질서와 금기에 맞서다[119]

노무현은 국가보안법[120]을 독재 시대의 유물로 인식하고 이를 폐지하려 했다. 국가보안법은 독재 정권에 의해 정치적 반대파를 제거하기 위한 수단으로 악용돼 왔기 때문이다. 그러나 보안법 폐지의 뜻은 한나라당과 보수 진영의 엄청난 반발에 부딪치게 된다. 박근혜 당시 한나라당 대표는 "자유민주주의와 시장경제를 지키는 마지막 안전 장치인 국가보안법을 폐지하는 것은, 나의 모든 것을 걸고 막아내겠다."(2004년 9월 9일, 기자회견)라고 했다. 보수 단체들은 거리로 쏟아져 나왔고, 한나라당은 죽기 살기로 반대했다. 결국 국가보안법을 폐지하기는커녕 개정조차 하지 못했다.

노무현은 국정 연설에서 "족벌언론의 횡포"와 같은 자극적인 표현을 동원해 조선, 중앙, 동아로 대표되는 보수언론들을 비판했다. 보수언론들에 대한 그의 적대적인 태도는, 언론이 권력화됐다는 판단에서 비롯됐다.[121] 오보(誤報)에 대해선 일일이 정정·반론 보도를 신청하도록 공무원들을 독려했고, 신문 시장의 독과점을 규제하는 신문법도 제정했다. 그러나 보수언론과 벌인 싸움은 사실상 '무모한 도전'에 그치고 말았다. 이들 보수언론은 별다른 상처를 입지 않고 오히

---

118 공천(公薦)이란 정당이 공직선거 후보자를 추천하는 것이다. 즉, 정당에서 국회의원 선거나 대통령 선거에 출마할 후보자를 추천하는 것이다. 국회의원 후보자가 되기 위해서 반드시 정당의 공천을 받아야 하는 건 아니다. 무소속 출마도 가능하기 때문이다. 하지만 정당의 공천을 따내 정당으로부터 선거 지원을 받을 경우 당선될 가능성이 더 높아지기 때문에 공천 경쟁은 매우 치열한 편이다. 그런데, 보통은 이와 같은 공천권이 당 총재나 지도부에 의해 일방적으로 행사된다. 공천권 행사를 통해 총재나 지도부는 당을 실질적으로 지배하고 장악하려 한다.

119 대표적인 게 국가보안법과 언론 개혁이다. 노무현은 큰 목소리로 국가보안법과 언론 권력에 문제를 제기했다. 사실, 이 부분은 다소 논쟁적이다. 보수 세력은 국가보안법과 언론 문제를 노무현의 공(功)으로 보지 않고 오히려 과(過)로 여기기 때문이다. 다소 논쟁적이긴 하지만, 그의 문제 제기는 진보건 보수건 상관없이 일정 부분 음미할 대목이 있다고 본다.

120 국가의 안전을 위태롭게 하는 반대 입장국가 활동을 규제하도록 제정한 법률

121 "언론은 구조적으로 대단히 집중된 권력을 갖고 있지만, 국민으로부터 검증받은 적이 없다. 통제되지 않은 권력, 검증받지 않은 권력은 대단히 위험하다."(2003년 3월, 청와대 비서실 워크숍)

려 무차별적으로 그를 공격했다. 그에게 '좌파'라는 지울 수 없는 딱지를 붙여가며 여론을 몰아간 것이다. 노무현 정권의 성격이 실제로 좌파적인지를 떠나서, 노무현 정권은 보수언론에 의해 일방적으로 좌파 정권으로 규정됐다.[122] 부동산 정책, 조세 정책, 교육 정책, 노무현 정부가 벌이는 일은 죄다 '좌파 정책'이라는 꼬리표가 달려 비난받기 일쑤였다. 대통령 재임 시절, 그는 언론을 상대로 힘겨운 싸움을 이어가야만 했다.

그러나 좌절하다

권위주의 청산, 지방 분권과 균형 발전, 지역주의 도전, 정치 개혁, 구시대 질서와 금기 비판…. 노무현은 많은 도전을 시도했다. 성공도 있었고, 실패도 있었다. 일정한 성과를 달성한 부분도 있었지만, 그렇지 못한 부분도 있었다. 그러나 평가는 일관됐다. 재임 시절, 그에 대한 평가는 늘 부정적이었다.

동네북도 아닌데 노무현은 5년 내내 욕만 얻어먹었다. 진보건 보수건 욕하기는 마찬가지였다. 보수는 그를 '진보적'이라 공격했지만, 진보는 오히려 그를 진보적이지 않다며 비판했다. 진보가 대표적으로 비판한 사안은 이라크 파병과 한미 FTA(Free Trade Agreement, 자유무역협정) 체결이었다. 진보는 이라크 전쟁을 미국의 침략 전쟁으로, FTA를 신자유주의[123] 정책으로 비판했다. 보수에서는 노무현의 최대 치적(治績)으로 뽑는 한미 FTA 체결이 진보 쪽에서는 최대의 실패로 평가됐던 것이다. 노무현에게 많은 걸 기대했던 진보는, 기대만큼 실망도 컸다. '기대 지평'의 붕괴 때문에 진보는 크나큰 '배신감'과 '냉소'에 빠져 들었다.

언론을 비롯한 일반 국민도 노무현을 비난하고 조롱하기 바빴다. 심지어는 인터넷에서 "이게 다 노무현 때문이야."라는 말이 유행할 정도였다.[124] 보수에서 진보, 언론에서 일반 국민에 이르기까지 노무현을 욕하는 소리가 대한민국에 차고 넘쳤다. 누군가는 이를 '노무현 죽이기'라고 표현했다. 어쩌면 우리는 이미 그를 죽이고 있었는지도 모른다, 살아생전부터. 재임 5년 내내 그는 지독히 고독한 대통령이었을 것이다. 아무도 자기편이 되어 주지 않았기에.

---

122 '새는 좌우의 날개로 난다'는 리영희(1929~) 선생의 말처럼, 세상은 우파와 좌파 두 개의 축으로 굴러간다. 우파만 있거나 좌파만 있는 세상은 한쪽 바퀴가 빠진 수레처럼 기우뚱하게 굴러갈 것이다. 그런데 대한민국에서 '좌파'는 세상을 이루는 한 축으로 정당하게 인정받지 못하는 경우가 많다. '빨갱이'와 같은 표현에서 확인할 수 있듯이 '좌파'는 멸시와 혐오의 대상으로 취급받기 십상이다.

123 국가 권력의 시장 개입을 비판하고 시장과 민간(民間)의 자유로운 기능을 중시하는 이론. 신자유주의는 자유 시장과 규제 완화, 재산권을 중시한다. 신자유주의는 국가 권력의 시장 개입을 완전히 부정하지는 않는다. 다만 국가 권력이 경제의 효율성을 악화시킨다고 본다. 따라서 통화 정책이나 국제 무역 등에서 국가 권력의 개입을 최소화해 경제 성장에 도달하는 것을 목표로 한다. 즉 신자유주의는 경제적 자유방임주의에 가깝다.

124 모든 사회 문제를 당시 대통령이던 노무현의 탓으로 돌리는 유행어. 처음에는 말 그대로 사회 문제의 원인을 노무현 탓으로 돌리는 표현으로 사용되었으나, 나중에는 모든 사회 문제를 노무현 탓으로 돌리는 태도를 비꼬는 의미로 사용되기도 했다.

미완의 꿈,
사람 사는 세상을 위하여

노무현은 퇴임 이후 고향에 돌아와 정착한 첫 전임 대통령이 됐다. 1976년 사법시험에 합격하고 고향을 떠난 지 32년 만에 그는 고향의 품으로 돌아왔다. 고향 봉하마을에 터를 잡은 그는 친환경 농법을 공부하고, 농촌과 환경 살리기 운동에 나섰다. 그는 오리 농법 쌀농사[125], 화포천 정화 사업, 봉화산 생태 숲 조성 등 친환경 사업에 깊은 관심을 가졌다. 뿐더러 재임 시절 권위주의를 청산하기 위해 노력했던 것과 마찬가지로 그는 퇴임 이후에도 전직 대통령으로서의 권위를 벗어버렸다. 논에 오리를 풀어 넣고 농사일을 거들며 자전거를 타고 들길을 거니는 등 서민적인 전임 대통령의 모습은 사람들에게 깊은 인상을 남겼다. 그런 그의 모습은 어느덧 재임 시절보다 더 큰 인기를 누리게 했다. 그를 찾아온 방문객들을 위해 하루에도 수차례 인

---

125 농약을 일절 쓰지 않고 새끼 오리를 이용해 잡초와 해충을 제거하는 농사법이다. 오리가 벼와 유사한 일부 잡초를 제외하고 대부분의 잡초를 제거한다고 한다.

귀향한 노무현 전 대통령이 26일 오후 경남 김해시 진영읍 본
산리 봉하마을 사저 내 정원수 사이로 관광객들에게 밝은 표정
으로 손을 흔들고 있다. ©연합뉴스

사하러 나오기를 마다하지 않았던, 소탈하고 친근한 그의 모습은 우리에게 따뜻한 감동을 줬다.

그가 꿈꿨던 세상은 어떤 곳이었을까? 그건 아마도 그의 홈페이지 이름처럼 '사람 사는 세상'이 아니었을까. 모두가 온전하게 '사람 대접' 받으며 살아가는 세상은 아직 오지 않았다. 그가 청산하고자 했던 권위주의와 지역주의 역시 여전히 우리를 짓누르고 있다. 그가 대통령이었을 때 우리가 누렸던 표현과 집회의 자유는, 까마득한 옛날 일이 돼버린 기분이다. 그러므로 그가 가졌던 문제의식들은 여전히 유효하다. 재임 시절 그가 보여준 문제의식이 크고 거창한 것이었다면, 퇴임 이후 그가 보여준 문제의식은 작지만 매우 소중한 것이었다. 농촌, 생명, 환경 등은 당장 해결할 수는 없는 문제지만, 먼 미래를 생각하면서 반드시 대비해야 할 문제이기 때문이다. 따라서 이명박 정권 내내, 아니 앞으로도 상당히 오랫동안 그의 문제의식은 유효할 수밖에 없다.[126] 노무현은 우리에게 수많은 과제를 남기고 떠났다. 그를 오롯하게 기억하는 방법은, 우리 손으로 그 과제들을 하나씩 풀어가는 것이리라.

---

[126] 이명박 정권은 '4대 강 살리기'라는 이름으로 교묘하게 포장한 채 대운하 사업에 여전히 매달리고 있다. 국토해양부에서 발표한 바에 따르면, 4대 강 살리기 사업 예산은 15조 4000억 원에 이른다. 이 가운데 7조4000억 원은 정부가, 나머지 8조 원은 수자원 공사가 부담한다고 한다. 정부는 '4대 강 살리기'가 대운하 사업이 아니라고 강변하고 있지만, 4대 강을 살리는 데 무려 15조 4000억 원이 든다는 게 상식적으로 납득이 되나?

교양
상식
4
세계의 진실과
변화의 물결

전쟁의 맨얼굴

작년 8월 8일, 베이징(北京) 올림픽 개막과 더불어 안타까운 전쟁 소식이 들려 왔다. 카스피 해와 흑해 사이에 있는 그루지야와 남오세티야의 무력 충돌 소식이었다. 축제의 기쁨도 잠시, 전 세계는 걱정스러운 눈빛으로 그루지야를 주목했다. 남오세티야의 배후에 러시아가 있기 때문에 그 우려는 더욱 컸다. 아니나 다를까, 얼마 지나지 않아 러시아가 그루지야로 진격했다. 그루지야와 남오세티야, 러시아 이들 세 나라가 어떻게 얽혀 있기에 전쟁이라는 극단적인 상황이 벌어지게 된 걸까? 그리고 미국을 비롯한 유럽은 이번 사태와 어떤 관련이 있는 걸까? 이번 시간에는 그루지야를 둘러싼 여러 문제를 살펴보자.

21세기의 화약고,
소수 인종의
분리·독립 움직임

중국 시짱(西藏) 자치구의 수도 라싸. 라싸는 '신의 땅'이라는 뜻을 지닌 천년 고도(古都)로 티베트 민족의 성지다. 올해 이곳은 티베트 사람들이 흘린 피로 붉게 물들었다. 티베트 사람들은 중국에 분리·독립을 요구했다.[127] 2008년 3월 14일, 중국은 승려와 주민들의 분리·독립 시위를 총칼을 앞세워 강제 진압했다. 북경 올림픽이 시작되기 전까지 티베트는 온통 붉은 피로 물들었다.

21세기 국제 사회는 소수 인종의 분리·독립 움직임으로 하루도 조용한 날이 없었다. 그 시작은 2008년 2월 17일, 세르비아로부터 독립한 '코소보'였다.[128] 비단 이뿐이 아니었다. 스페인도 시끄럽기는 마찬가지였다. 스페인에서는 분리·독립을 요구하며 바스크 족[129]이

---

127 중국은 1951년 인구 270만 명의 티베트를 무력으로 강제 합병했다.
128 발칸반도는 코소보, 세르비아, 크로아티아, 슬로베니아, 몬테네그로, 보스니아-헤르체고비나, 마케도니아 등 7개국이 국경을 마주하고 있다. 이 중에서 적어도 3곳은 분쟁이 재연될 가능성이 매우 높다. 코소보, 보스니아-헤르체고비나, 마케도니아가 그곳이다. 모두 알바니아계와 세르비아계가 복잡하게 얽혀 있어서 언제든 인종 분쟁이 재발할 수 있는 곳이다.

40여 년 동안 무장 투쟁을 벌이고 있다. 벨기에 역시 북부 플랑드르의 분리·독립 움직임으로 국가가 분열 위기에 처해 있다. 러시아에서도 체첸 반군[130]이 분리·독립을 주장하고 있다. 중국의 경우에도 티베트뿐만 아니라 신장성 웨이우얼 자치구의 분리·독립 움직임이 있다. 스리랑카에도 타밀족의 분리·독립을 부르짖는 반군 활동이 계속되고 있다.

이렇듯 소수 인종의 분리·독립 운동은 국제 사회에서 분쟁과 갈등의 화약고가 되고 있다. 그루지야 사태의 원인도 이와 다르지 않다. 그러나 그 뿌리는 좀 더 복잡하게 얽혀 있다. 겉으로는 두 민족 사이의 갈등으로 보이지만, 그 속에는 미국(서방)과 러시아 사이의 긴장이 자리하고 있는 것이다. 곧 소수 인종의 분리·독립 문제와 그것이 자국에 미칠 파장을 계산하는 강대국들의 이해관계가 복잡하게 얽혀 있다.

---

129 스페인과 프랑스에 거주하는 산악 민족

130 러시아 남부의 공화국으로, 1859년 러시아 제국에 강제 합병된 이래 독립을 둘러싼 갈등이 계속되고 있는 곳이다.

그루지야와
남오세티야의 갈등

그루지야 안에는 두 개의 자치공화국인 오세티야(7만 명)와 압하지야(17만 명)가 있다. 두 자치공화국은 1992년 그루지야로부터 분리·독립을 선언했다. 이후 내전에 돌입한 정부군과 반군은 19개월 간 싸움을 벌였다. 1994년 그루지야와 오세티야는 러시아의 평화 유지군 주둔을 조건으로 정전 협정을 체결했다.

친(親)러시아 성향을 띠고 있는 두 자치공화국은 스스로를 독립 국가라고 주장하고 있지만, 아직 국제적인 인정을 받지 못한 상태다. 오세티야는 코소보가 세르비아로부터 독립(2008년 2월)한 것에 자극받아 본격적으로 독립을 시도했다. 더 정확하게는, '남오세티야'가 그루지야로부터 독립을 시도했으며, 북오세티야는 러시아에 속해 있다. 남오세티야는 같은 민족인 북오세티야와 합쳐지기를 바라고 있다.

이렇듯 남오세티야는 완전한 분리·독립을 요구하는 반면, 그루지야는 영토 통합을 바라고 있다. 그리고 러시아는 남오세티야를 측면 지원하면서 그루지야와 남오세티야의 갈등을 부추기고 있다. 남

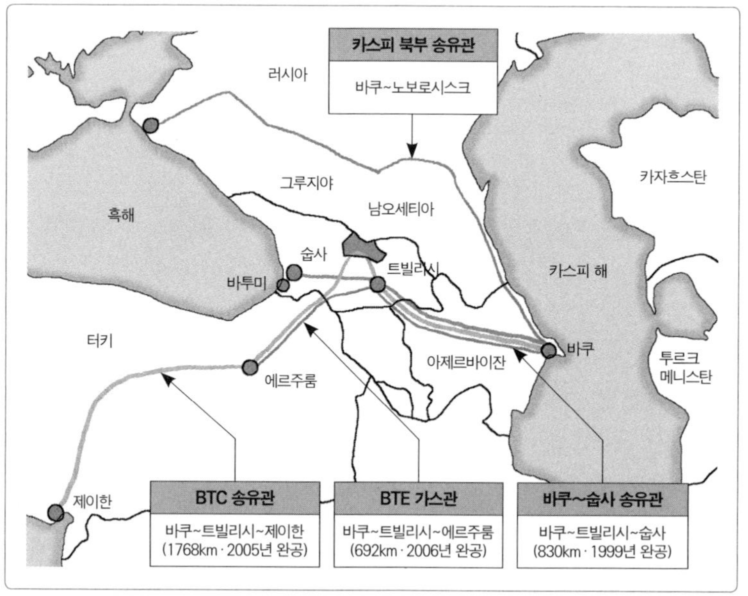

오세티야 입장에서는, 주민의 70%가 러시아 시민권자인데다 러시아 화폐(루블화)와 여권을 사용하고 투표권도 행사하고 있기 때문에, 더 이상 그루지야에 속해 있을 이유가 없다고 주장한다.

그러나 그루지야 입장에서는, 남오세티야의 독립은 영토뿐만 아니라 자원의 손실로까지 이어지므로 이에 반대할 수밖에 없다. 남오세티야가 독립하게 되면 송유관은 물론 흑해와 카스피 해의 자원과 이들 자원에 대한 수송권(輸送權)을 상당 부분 잃어버리고 만다. BTC 송유관[131] 중 100km 정도가 남오세티야를 경유하고 있기 때문이다.

---

131 BTC 송유관은 바쿠(아제르바이잔), 트빌리시(그루지야), 제이한(터키)으로 이어지는 송유관이다. 각 도시의 앞 글자를 따서 BTC라 명명했다.

그루지야와 러시아의 대립
움켜쥐려는 러시아,
벗어나려는 그루지야

그루지야는 2003년 장미 혁명[132]으로 정권이 교체된 후 노골적으로 친(親)서방 노선을 걸어 왔다. 결정적으로 최근에는 나토(북대서양조약기구)[133] 가입을 적극적으로 추진해 왔다. 나토는 2006년 9월 그루지야에 '공고한 대화(Intensified Dialogue) 상대'라는 지위를 부여했다. 이러한 지위를 통해 그루지야는 나토 가입에 필요한 조건을 충족할 수 있도록 나토와 훨씬 강화된 교류를 할 수 있게 됐다. 또한, 2008년 4월 나토 정상 회담에서는 회원국 정상들이 향후 그루지야를 회원국으로 받아들이겠다는 뜻을 재확인했다.

그런데 이와 같은 그루지야의 친(親)서방 노선은 러시아의 심기를 불편하게 했다. 러시아는 독립국가연합(CIS)[134]에 미국과 서방의

---

132 2003년 부정 선거를 규탄하는 군중들이 장미를 들고 시위를 벌였다. 대통령 셰바르드나제가 반정부 시위에 굴복해 권좌에서 물러난 뒤 현재 대통령 사카슈빌리가 당선됐다.

133 NATO(North Atlantic Treaty Organization) : 제2차 세계대전 후 동유럽에 주둔하고 있던 소련군과 군사적 균형을 맞추기 위해 서유럽 국가들이 체결한 북대서양조약을 수행하는 기구

손길이 미치는 것을 내심 불쾌해하고 있었다. 1991년에 구소련이 붕괴됐지만, 러시아는 여전히 독립 국가 연합을 자국의 세력권으로 여기고 있기 때문이다. 따라서 나토 가입을 적극적으로 추진하고 있는 그루지야는 러시아에 '눈엣가시'일 수밖에 없다.

결국 그루지야와 남오세티야의 갈등은 일종의 '대리전'으로 볼 수도 있다. 대리전의 배후에 머물던 러시아가 본색을 드러내기 시작한 것이다. 이에 대해 러시아는 남오세티야에 거주하는 자국민을 보호한다는 명분을 내세우고 있다. 남오세티야 인구 7만 명 중 70% 가량이 러시아 국적을 보유하고 있다는 게 그 내용이다. 하지만 남오세티야를 넘어서 그루지야 본토까지 진격한 러시아군의 행보를 보면, 이러한 논리는 설득력이 떨어진다. 러시아 군은 그루지야의 요충 도시인 고리 시(市)를 장악했고, 8월 13일 그루지야와의 평화 협정 체결 이후에도 신속하게 군대를 철수하지 않았다.

결국 전쟁의 밑바탕에는 러시아의 영향력으로부터 벗어나려는 그루지야와 그루지야를 자신의 영향력 아래 두려는 러시아 사이의 갈등이 자리하고 있다.

----

134 Commonwealth of Independent States : 1991년 옛 소련이 해체되면서 독립한 공화국들의 연합체. 소련에서 독립한 15개국 가운데 12개국이 가입해 정치 및 경제 협력을 도모해 왔다. 그루지야 의회는 2008년 8월 14일 러시아의 침공에 대한 항의 표시로 독립국가연합 탈퇴를 만장일치로 통과시켰다.

미국과 서유럽 vs 러시아와 동유럽
나토의 동진(東進)과
미국의 카스피 해 진출

그루지야는 유럽과 아시아의 경계를 이루는 카프카스 산맥에 자리하고 있다. 이곳은 유라시아 대륙으로 영향력을 확대하려는 미국과 구소련권 국가들을 자국의 영향권 아래 두려는 러시아가 충돌할 수밖에 없는 전략적 요충지다. 중앙아시아·카프카스 지역은 지난 반세기 동안 구소련의 땅이었다. 그러나 소비에트 사회주의 공화국이 무너진 뒤, 이 지역의 판도는 180도 달라졌다. 특히 그루지야와 우크라이나 등은 노골적으로 친(親)서방 행보를 보여 왔다.[135] 또한 이들은 나토 가입을 추진하고 있는 나라이기도 하다. 아르메니아는 러시아의 군사기지가 있는 곳이지만, 근래 유럽 연합(EU)을 기웃거리며 대미(對美)·대서방(對西方) 우호국으로 돌아선 분위기다. 미국은 아프가니스탄 전쟁[136]을 벌이면서 키르기스스탄과 우즈베키스탄에 군사 기

---

135 그루지야, 우크라이나, 아제르바이잔, 몰도바는 독립국가연합 내 반러·친서방 국가협의체인 구암(GUAM)을 결성했다. 구암(GUAM)은 각 나라의 앞 글자를 따서 지은 명칭이다.

지를 설치해 러시아의 심기를 건드렸다.

그것만이 아니었다. 미국은 동유럽에 미사일방어체제(MD)[137]를 구축하고 있다. 미국은 이미 2008년 7월 8일에 체코와, 그루지야 사태가 진행 중이던 8월 14일에는 폴란드와 미사일 방어 협정을 체결했다. 그 결과 체코에는 미사일 방어용 레이더 기지가 건립되고, 폴란드에는 지대공 요격 미사일 10기가 배치될 예정이다. 물론 미국은 동유럽에서 진행 중인 MD 체제의 목적이 러시아를 겨냥한 것이 아니라, 이란 등 중동 지역의 미사일 공격 위협에 대응하기 위한 것이라고 강조한다. 하지만, 러시아로서는 미국의 설명을 곧이 받아들일 리가 없다. 그루지야의 경우만 해도, 미국은 군대 지원 명목으로 매년 3000만 달러를 지원하고 있다.

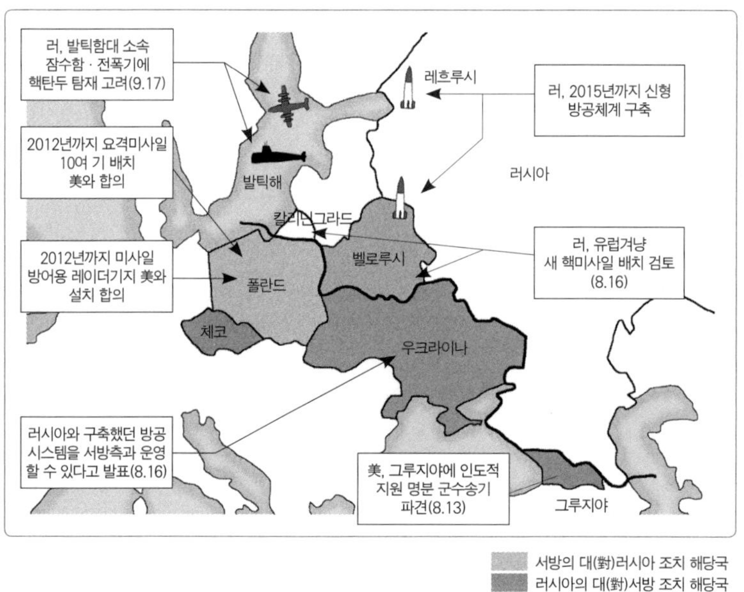

이렇듯 미국이 동유럽에 진행 중인 MD 체제에 맞서 러시아 역시 폴란드와 국경을 마주한 역외(域外) 영토인 칼리닌그라드와 이웃 나라인 벨로루시에 서유럽을 겨냥한 핵미사일 배치를 검토하고 있다. 나토의 접근을 경계하는 러시아로서는 미국의 카스피 해 진출도 전혀 달가울 리가 없다. 특히나 올해 코소보가 세르비아로부터 일방적으로 독립(2008년 2월)해 친(親)서방 외교를 펼치자 러시아의 위기의식은 더욱 커졌다.[138] 결국 러시아가 그루지야를 침공한 것은 나토와 유럽연합, 그리고 미국을 견제하면서 자국이 역내 패권국임을 확인시켜 영향력을 확대하려는 의지를 드러낸 것으로 볼 수 있다. 뒤에서 보다 자세히 이야기하겠지만, 러시이아는 구소련권의 원유와 가스의 통제권을 확보하려는 야욕을 보이고 있다.

미국과 서방, 러시아는 그루지야 지역에서 서로의 영향력과 지배력을 강화하려는 의도를 갖고 있다. 여기에 에너지 문제도 양측 사이에 긴장을 낳는 한 축으로 작용한다. 그루지야는 최근 10년 동안 카스피 해와 중앙아시아의 원유와 가스를 러시아를 경유하지 않고

---

136 이 전쟁은 2001년부터 현재까지 9년째 계속되고 있다. 이 전쟁은 2001년 10월 미국이 9·11 테러의 용의자인 오사마 빈 라덴과 그의 무장 조직인 알카에다, 그리고 그들을 지원한 탈레반(1994년 아프가니스탄 남부 칸다하르에서 결성된 무장 이슬람 정치 단체로 1996년부터 2001년까지 아프가니스탄을 지배했다.)을 축출(逐出)한다는 명분을 내세우며 아프가니스탄에 폭격을 가하면서 본격적으로 시작됐다.

137 Missile Defense : 적국이 발사한 미사일을 공중에서 요격해 파괴하는 미국의 방어 전략

138 미국과 서방은 코소보 독립을 지원했다. 여기에는 세르비아로부터 코소보를 독립시킴으로써 세르비아의 배후에 있는 러시아를 견제하려는 의도가 깔려 있다. 코소보 독립은 러시아 국내 여러 소수 민족의 독립 움직임을 자극할 수 있기 때문에 러시아로서는 코소보의 독립을 반대해 왔다. 러시아 내에는 체첸을 비롯해 다게스탄과 잉구슈티야 등 21개 자치공화국이 있다.

미국과 유럽으로 수출하는 주요 통로였다. 러시아를 거치지 않는 우회 파이프라인 대부분이 그루지야를 통과한다. 그루지야를 통해 서방으로 수출되는 원유는 하루 120만 배럴 정도다. 이는 세계 전체 원유 공급량인 8700만 배럴의 1.4%에 해당하는 양이다. 수치상으로는 그리 많지 않은 양이지만, 중동에 대한 석유 의존도가 60%나 되는 서방으로서는 상당히 중요한 의미를 지닌다.

러시아가 그루지야에 대한 지배권을 강화할 경우, 러시아에 대한 유럽의 에너지 의존도는 더 높아질 수밖에 없다. 유럽은 이런 상황을 바라지 않는다. 뿐더러 러시아의 통제권을 벗어나 원유를 비롯한 천연자원을 원활하게 공급받고 싶어 한다. 2006년 러시아의 가스관 폭발 사고로, 유럽은 에너지 문제로 인한 어려움을 호되게 경험한 적이 있다.

새로운 냉전의
도래인가?

남오세티야·압하지야 등 그루지야 내부 친(親)러시아 자치 지역의 문제는 이번 분쟁을 일으킨 핵심 원인이다. 이 문제가 해결되지 않고서는, 러시아와 그루지야의 분쟁이 재발할 가능성은 여전히 높다.

2008년 8월 11일자 〈워싱턴 포스트〉 "러시아의 그루지야 침공은 유라시아에서 지배적 위상을 되찾으려는 블라디미르 푸틴 러시아 총리의 제국주의적 야망에서 비롯된 것"이라고 지적했다. 러시아의 칼날이 그루지야와 비슷하게 친(親)서방을 표방하고 있는 우크라이나를 겨눌 것이라는 전망도 나온다. 그루지야가 무너지면 옛 소련의 영향권에 있던 우크라이나, 폴란드, 체코가 다시 러시아의 손아귀에 들어갈지도 모른다는 우려도 있다. 이런 전망과 우려는 모두 서방과 미국 측의 것이다.

하지만, 미국 역시 제국주의적 욕망으로부터 자유롭지는 않은 듯하다. 체코와 폴란드에 미사일방어체제를 구축하는 것만 해도 그렇다. 미국은 안전과 평화를 위해서라고 하지만, 러시아 입장에서는 위협이자 도발로 비치기 때문이다. 안전의 역설(逆說)일까? 안전을 위한 조치가 오히려 국가 간 긴장감을 더욱 높이고 있는 것이다.

한쪽에서는 이러한 움직임을 두고 '신(新)냉전'의 시대가 도래한 것이라고 말한다. 그러나 엄밀히 따지면, '신냉전'이라는 개념은 적절하지 않다. 냉전이 기본적으로 이념 간, 체제 간 경쟁에서 비롯된 반면, 현재의 상황은 이념이나 체제의 문제에서 비껴나 있기 때문이다. 어떻게 이름을 붙이든지, 중요한 사실은 러시아와 미국, 서방의 긴장이 쉽사리 해소되지 않으리라는 점이다. 그 여파로 세계 평화는 상당히 위태로운 상황으로 흘러갈지도 모른다.

이번 전쟁으로 11만 명이 넘는 난민이 발생했다. 강대국들 사이의 힘겨루기는 언제나 약소국, 힘없는 사람들을 희생양으로 삼는다. 피 흘리는 세계 앞에서 아파하지 않는 우리의 현실이 뼈아프게 다가오는 까닭이다. TV 속 세상은 피를 흘리는데, TV 밖 우리는 무사하다. 언젠가, 피 흘리는 세계는 아파하지 않는 자의 발꿈치를 덥석 물지도 모른다. 처한 상황이 같지 않을지라도, 남북이 분단되어 있고 강대국의 틈바구니에 끼어 있는 우리로서는 그루지야의 비극이 결코 남의 일일 수 없는 이유다.

하얀 제국에 부는 검은 돌풍

오바마 당선, 그 의미와 전망

2008년 11월 4일, 미국의 역사는 새로 쓰였다. 미국 건국 232년 만에 흑인이 최초로 대통령에 당선된 것이다. 미국뿐만 아니라 전 세계가 21세기 국제화 시대를 이끌어갈 미국의 '검은 대통령'에게 거는 기대가 컸다. 지구촌 사람들은 이제 힘에 기반한 미국의 일방주의가 막을 내리기를 바랐다. 이번 시간에는 미국의 흑인 대통령 탄생의 의미와 앞으로 한반도 및 세계 정세에 미칠 영향에 대해서 생각해 보도록 하자.

변화를 꿈꾸는
미국의 선택

버락 오바마(Barack Obama, 1961~), 세계 최강대국이라 불리는 미국에서 처음으로 대통령의 자리에 오른 흑인. 역사는 이제 그의 이름을 영원히 기억할 것이다. 그는 인종 장벽으로 대표되는 편견과 차별을 무너뜨리며 인류 역사에 길이 남을 기념비적인 '사건'을 만들어냈다.

버락 오바마는 케냐 출신의 흑인 아버지와 미국 출신의 백인 어머니 사이에서 태어났다. '버락'은 아랍어로 '축복'을 뜻한다. 하지만 어린 오바마에게 세상은 그리 '축복' 같아 보이지 않았다. 그는 두 번에 걸친 어머니의 이혼과 혼혈인으로서의 정체성 혼란이 주는 순탄치 않은 어린 시절을 보내야 했다. 혼혈 흑인이라는 혈통, 와스프(WASP)[139]가 주류를 형성하는 본토가 아닌 하와이에서의 출생과 성장, 인도네시아에서의 유년 시절 등 그의 성장 배경은 한마디로 '탈(脫)미국적'이다. 역설적이게도 이런 '탈미국성'이 오바마를 다인종 국가 미국의 새로운 지도자로 성장시켰다.

2009년 1월 20일(현지 시각) 오바마 대통령이 취임식에서 손을 들어 취임선서를 하고 있다.

139 White Anglo-Saxon Protestant : 백인 앵글로색슨 신교도로서 정통적 미국인이다. 미국 사회의 주류를 형성하고 있으며, 정계·재계에서 성공을 거둘 수 있는 절대적 조건이기도 하다.

흑인 대통령 탄생의
의미와 향후 정책 전망

"우리의 시대는 BB(Before Obama : 오바마 이전)와 AB(After Obama : 오바마 이후)로 구분될 것이다."

영화 '말콤 X'를 만든 스파이크 리(Shelton Jackson Lee, 1957~)가 한 말이다. 버락 오바마는 미국이 건국(1776)된 지 232년, 에이브러햄 링컨(Abraham Lincoln, 1809~1865)이 흑인 노예 해방을 선언한 지 146년 만에 탄생한 첫 흑인 대통령이었다. 이로써 미국은 인종적 다양성을 실질적으로 구현한 '새로운 미국'으로 다시 태어났다. 다인종 국가임에도 불구하고, 와스프가 주류를 이루었던 미국이 재탄생한 것이다.

오바마는 흑인과 백인의 혼혈이지만 스스로를 '흑인'으로 지칭했다. 흑인은 미국 전체 인구에서 고작 13%를 차지하는 소수에 불과하다. 미국 국민의 다수를 이루는 백인들의 지지가 없으면 흑인 대통령은 결코 나올 수 없는 것이다. 그렇다면 오바마의 당선은 일대 '혁명적 사건'임에 틀림없다. 스파이크 리 감독의 말대로 이제 미국은 오바마 이전 '분열의 시대'에서 오바마 이후 '통합의 시대'로 나아갈 것이다.

미국은 그동안 인종 차별의 문제를 사회 내부에 깊숙이 안고 있었다. 그뿐만 아니라 성(性), 빈부, 계급, 이념의 차이에 따른 대립과 갈등도 겪고 있었다. 따라서 그동안 사회의 주류를 이루어 왔던 백인이 아닌 흑인이 대통령에 당선된 것은, 다인종과 다문화를 바탕으로 공존과 화합으로 나아갈 수 있는 발판을 마련했다는 점에서 그 의미가 컸다. 2008년 11월 4일, 시카고 수락 연설에서 오바마는 "젊은이와 노년층, 부자와 가난한 자, 민주당원과 공화당원, 흑인과 백인, 히스패닉, 아시아인, 인디언, 동성애자와 이성애자, 장애인과 비장애인 할 것 없이 미국인들은 전 세계에 우리가 단순히 공화당과 민주당의 집합체가 아님을 보여주었습니다."라고 말했다. 나이와 빈부, 정치적 성향, 인종, 성적 지향, 장애 유무를 떠나서 차이의 긍정과 화합, 관용을 역설했던 것이다. 이는 비단 미국에만 의미를 갖는 게 아니었다. 232년 만에 처음으로 흑인 대통령에 오른 오바마가 '미국만의 세계'가 아니라 '세계의 미국'을 만들어갈 것으로 지구촌 사람들은 기대했다. 그 기대감은 오바마의 몸속에 흐르는 '다양성'에서 생겨났을 것이다.

미국 국내 정책 전망

오바마의 당선으로 미국은 어떤 변화를 겪게 될까? 경제, 복지, 교육, 환경 네 분야로 나눠 살펴보자.

첫째, 경제 정책의 핵심은 '증세(增稅)'와 '일자리 창출'로 요약된다. 우선, 미국 근로자 95%에게 세금을 인하해 주는 대신 연 소득 25만 달러 이상의 고소득층(상위 5%)에 대해 세금을 인상하는 '차등화 정책'이 눈에 띈다. 또한, 국내에 머물러 일자리 창출에 기여하는 기업에는 세금을 인하해 주고, 해외로 이전하는 기업들에는 세금 혜택을 중단할 것으로 보인다. 오바마 행정부는 일자리 창출을 위해 약 600억 달러 규모의 재정을 '전국 사회 간접 자본 재투자 은행'(National Infrastructure Reinvestment Bank)에 투자할 계획이다. 이 은행은 자금을 고속도로, 다리, 공항 등 사회 간접 시설 건설에 투자하게 되는데, 이와 같은 대규모 투자를 통해 대략 200만 개의 일자리가 생겨날 것으로 보인다.

둘째, 복지 정책도 적극 추진할 것으로 예상된다. 아동 의료 보험 강제 가입, 저소득층 무료 의료 수혜 대상자 확대 등을 통해 보건·의료의 혜택을 전 국민으로 확대하겠다고 강조해 왔다. 또한, 빈곤 문제를 근본적으로 해결하기 위해 향후 5년간 직업 훈련에 10억 달러를 투자하고, 2011년까지 시간당 9.5달러로 최저 임금을 인상할 계획이다.[140]

셋째, 교육 정책에서는 '공교육 강화'가 우선 목표다. 이를 위해 연방 정부 기준에 못 미치는 학교나 대안 학교 등에 교육 재원(財源)을 전략적으로 투자하겠다는 방침이다. 또한, 대학 학자금도 낮출 것으로 보인다. 그리고 이민자 자녀를 위한 교육 투자를 확대하겠다고 밝혔다.

넷째, 환경 정책도 의욕적으로 추진할 것으로 보인다. 오바마는 기존 화석 원료 의존도를 줄이는 대신, 앞으로 10년간 1500억 달러를 친환경 에너지원 개발에 투자하여 500만 개의 친환경 일자리를 창출할 계획이다. 또 2025년까지 재생 에너지 비율을 25%로 확대하고, 온실가스는 80% 감축하는 것을 목표로 정했다. 이를 위해 2015년까지 하이브리드 자동차[141] 100만 대를 보급할 예정이다.

---

140 미국의 현행 최저 임금은 1997년 시간당 4.75달러에서 5.15달러로 인상된 후 9년간 동결됐다. 그러다 재작년(2007) 7월에서야 최저 임금을 시간당 5.85달러로 10년 만에 올렸다.

141 기존의 일반 차량에 비해 유해 가스 배출량을 획기적으로 줄인 차세대 환경 자동차

세계정세의 변화와
각국의 반응

오바마 당선에 대한 지구촌의 환영 열기가 대단히 뜨겁다. 그 바탕에는 새로 출범하는 오바마 정부의 외교가 기존의 부시 행정부와는 완전히 다를 것이란 기대가 깔려 있다. 부시 대통령과 오바마 당선자는 여러 측면에서 대조적이다. 부시가 힘에 기반한 강성(强性) 외교에 치중했다면, 오바마는 국제 공조와 협력을 강조하고 있다. 부시 정권의 일방주의와 대(對)테러 전쟁에 세계는 지쳐 있다. 많은 이들이 오바마 정부가 세계 각국과 유연하고 부드러운 관계를 맺을 것으로 예상하고 있다. 이라크나 파키스탄은 대(對)테러 전쟁의 국면이 달라질 것으로 기대하고 있다.

가장 이슈가 된 외교 사안으로는 이라크와 아프가니스탄을 들 수 있다. 이라크 전쟁의 경우, 2003년 3월 23일에 시작된 부시의 이라크 침공에 마침표를 찍을 예정이다. 오바마는 후보 시절, 집권 16개월 안에 이라크에 주둔한 미군을 철군(撤軍)하겠다고 약속했다. 그 대신 아프가니스탄 정책[142]의 경우에는 부시가 현재 전력으로 충분하다고 보는 반면, 오바마는 2~3개 여단[143] 조기 증파가 필요하다고 역설하고 있다. 이란, 북한에 대한 정책도 이들 나라와는 대화조차 꺼렸던 부시와 크게 다르다. 오바마는 핵(核) 문제 해결을 위해 조건 없는 정상 회담 등 적극적인 대화를 시도할 것으로 보인다. 한편 미국의 핵무기와 관련해서는 부시가 적정 수준을 유지하고 있다고 보는 반면, 오바마는 대폭적인 감출이 필요하다고 역설하고 있다.

통상 정책의 경우에도 서로 다른 입장 차이를 보인다. 부시는 FTA[144]를 지지하는 반면, 오바마는 FTA에 다소 신중한 입장을 보이고 있다. 오바마와 집권당인 민주당은 자유 무역보다는 보호 무역에 방점을 찍고 있기 때문이다. 물론 개방화의 흐름을 완전히 거스를 수는 없겠지만, 자국의 이익에 도움이 되지 않는다고 판단하면 개방화의 흐름을 다소 늦출 수도 있다.

기후 변화 등 지구 환경 문제에 대한 접근법도 부시 행정부와 큰 차이를 보일 것으로 전망된다.[145] 미국은 세계 1위의 온실가스 배출국이다. 하지만 부시 정권은 그동안 경제적 부담을 이유로 교토의정서 비준을 계속 거부해 왔다. 지구 온난화를 일으키는 주범인 온실가스 배출을 감축하기 위한 국제적인 협약인 교토의정서에 따르면, 미국은 2012년까지 온실가스를 기준 연도인 1990년 배출량보다 6% 정도 줄여야 한다. 그러나 이는 현실적으로 실현하기 매우 어려운 목표치다. 따라서 교토기후협약에 참여함으로써 무리한 감축 목표를 떠안기보다 연방정부 차원에서 기후 변화에 대한 대응 노력을 강화할 것으로 예상된다.

주요 국가들은 오바마의 당선을
어떻게 바라볼까? 러시아는 공화당
존 매케인(John McCain, 1936~) 후보
만 아니면 된다는 입장이었다. 군인
출신의 매케인은 냉전(冷戰) 의식이
강해 러시아에 다소 적대적인 태도
를 보여 왔기 때문이다. 러시아는 오
바마와는 관계 개선이 어느 정도 가

존 메케인 공화당 후보

능할 것으로 판단하고 있다. 오바마는 중국의 인권 문제(티베트와 같은
자치구 탄압 등)에 침묵하지 않겠다고 강조했지만, 지금은 글로벌 금융
위기로 중국의 도움이 절실해졌다. 세계 1위 외환 보유액(1조 9천억 달
러)을 자랑하는 중국은 조금 느긋한 편이다. 다만 클린턴(Bill Clinton,
1946~) 정권 시절처럼 반덤핑[146] 제소 건수가 증가할 가능성은 경계

---

142 아프가니스탄은 알 카에다 조직원과 탈레반 무장 세력의 거점이다. 알 카에다는 9·11 테러를
   일으킨 주범인 오사마 빈 라덴의 무장 조직이다. 탈레반은 아프가니스탄 남부 칸다하르에서
   결성된 무장 이슬람 정치 단체로 1996년부터 2001년까지 아프가니스탄을 지배했다. 탈레반
   은 알 카에다를 감싸주고 보호해 줬다.
143 군대 편성 단위의 하나. 보통 2개 연대로 이루어지며 사단보다 규모가 작다.
144 Free Trade Agreement : 자유무역협정. 국가간 상품의 자유로운 이동을 위해 모든 무역 장
   벽을 제거시키는 협정
145 부시 정권은 그동안 경제적인 부담을 이유로 온실가스 배출 감축에 반대하며 교통의정서 비
   준을 계속 거부해 왔다. 교통의정서는 지구온난화를 일으키는 주범인 온실가스 배출을 감축
   하기 위한 국제적인 협약이다. 미국(세계 1위 온실가스 배출국)은 지금까지 세계 2위 배출국
   인 중국과 함께 교토의정서(교토기후협약) 비준을 거부해 왔다.
146 국제 경쟁에서 우위에 서기 위하여 국내 판매 가격이나 생산비보다 싼 가격으로 상품을 수출
   한 것에 대하여, 수입국에서 덤핑(채산을 무시하고 싼 가격으로 상품을 파는 일)한 부분만큼
   관세를 부과하는 일

하고 있다. 영국은 오바마가 금융 위기 타개를 위해 자국과 적극적으로 공조할지 주시하고 있다. 오바마가 자유 시장 질서('자유 무역')에 다소 미온적일 수 있다는 우려 때문이다. 이스라엘은 여태까지 대체로 민주당을 지지했지만, 오바마가 이스라엘의 적국인 이란의 핵 문제에 대해 어떤 태도를 취할지 예의 주시하고 있다. 미국과 무역 규모가 큰 캐나다, 브라질 등 인접 국가들도 민주당의 보호 무역주의가 자국의 수출에 미칠 영향을 계산하느라 분주하다. 이 점에서는 한국도 예외가 아닐 것이다.

한미 관계(경제 분야)와
대북 정책

한미 관계는 동맹 관계를 더욱 강화하는 쪽으로 발전할 것으로 예상된다. 다만 오바마 행정부가 이념보다는 실용을 중시하기 때문에 미국의 국익에 대한 양보는 전혀 없을 것으로 보인다. 2007년 한미 정부 간에 공식 서명 절차를 거친 한미 FTA에 대해 오바마는 "미국의 자동차 산업 등에 큰 타격을 줄 수 있는 불공정한 협정"이라고 언급한 바 있다. 부시에게 보낸 공식 서한에서는 "나는 한미 FTA를 반대한다. 한미 FTA는 아주 결함이 있는 협정이다."라고 밝혔다.(2008년 5월 23일) 그는 한미 FTA의 개정을 시사하는 발언을 하기도 했다. 공식 서명 절차를 거쳤기 때문에 개정 논의가 쉽지는 않겠지만, 향후 미국이 어떻게든 한미 FTA를 개정하려는 움직임을 보일 가능성은 충분하다. 한편 FTA 문제 말고도 미국의 보호무역 기조가 전반적으로 강화될 것으로 예상된다. 과거 클린턴 행정부 시절처럼 WTO에 반덤핑 제소 등을 통한 제재 조치가 강화될 것으로 예상된다. 물론 이와 같은 조치는 중국을 일차적 대상으로 한다. 중국은 미국의 최대

무역적자국이기 때문이다. 따라서 중국에 대해서는 무역 적자와 관련해서 압박 수위를 높일 것이 분명하다. 문제는 우리나라 역시 이러한 상황에서 결코 자유롭지 못할 것이라는 점이다.

오바마는 북핵 문제에 대해서는 "완전하고 검증 가능한 비핵화"라는 원칙을 결코 양보할 수 없다고 강조했다. 이점에서는 오바마와 부시는 별다른 차이가 없다.[147] 다만 오바마는 김정일과 직접 만나 얘기할 수 있다는 가능성을 열어놓았다.[148] 일부에서는 이와 같은 오바마의 발언을 지나치게 낙관적으로 바라봐서는 안 된다고 지적하기도 한다. 오바마의 발언을 거두절미하여 해석하면 안 된다는 것이다. 오바마는 "만남 그 자체에 아무런 전제 조건은 없다. 그러나 사전에 치밀하게 준비해야 하며 그 회담이 미국의 안보를 저해하지 않고 국익에 반드시 필요할 때만 할 것이다."라고 강조해 왔다. 선거 캠프 관계자들도 "부시나 존 매케인 상원의원이 김정일에 대한 혐오감을 공개적으로 표현해 온 것과 비교하면 큰 차이가 있지만 가능성을 열어 둔 정도일 뿐이지 반드시 회담을 하겠다는 뜻은 아니다."라고 부연해 왔다. 어쨌든 부시 행정부와 달리 '제재'보다는 '대화'를 내세운다는 점에서 향후 북미 관계가 좀 더 부드러워질 것으로 기대해 볼 수는 있다.

---

147 "북한이 철저한 검증을 거부한다면 에너지 지원을 중단하고 최근에 철회한 제재를 다시 가하며 새로운 제재를 검토해야 한다."(10월 11일 미국 정부가 북한을 테러 지원국에서 해제하자 오바마가 내놓은 논평)

148 "임기 첫해에 김정일 북한 국방위원장 등 '악의 축'의 국가 지도자와도 조건 없이 직접 만날 용의가 있다."(2007년 7월 TV 토론)

오바마 시대에 거는
기대와 우려

그동안 부시의 일방주의에 질린 많은 사람들이 오바마가 가져올 변화와 '공존과 화압의 시대'의 도래에 큰 기대를 품고 있다. 이제 국제사회에는 적어도 대화와 소통의 가능성이 열리게 됐다. 오바마의 당선은 분명 환영할 만한 일이다.

하지만 그것이 우리 국익에 어떤 영향을 미칠지는 아주 복잡한 문제다. 북미 관계만 해도 그렇다. 앞으로 북미 관계가 개선된다고 해서 경색된 남북 관계가 풀릴지는 미지수다. 오바마 정권 출범을 앞두고서 북한이 미국과 직접 대화 성사를 염두에 두고 남북 관계를 전면 단절하는 초강경 조치를 취한 적이 있기 때문이다. 이른바 통미봉남(通美封南)[149] 정책을 본격화할 가능성을 배제할 수 없다. 이것이 우리 정부가 북한에 대해 경직된 자세보다 유연한 자세로 접근할 필요성이 제기되는 이유다. 오바마 시대가 가져올 미국 및 세계의 변화에 차분하게 대처하면서 한미 관계를 순조롭게 이끌어 가야겠다.

---

[149] 미국과는 대화를 하고 한국과는 관계를 단절하는 정책.

전 세계, 죽음의 공포에 떨다

신 종 플 루 의 대 공 습

세계보건기구는(WHO)는 인류의 생존을 위협하는 3대 요소로 '식량 부족', '기후 변화'와 함께 '팬데믹(pandemic)'을 지목했다. '팬데믹'이란 특정한 전염성 질환이 전 세계로 급속히 확산돼 유행하는 현상을 말한다. 최근 신종 인플루엔자는 전 세계적으로 공포의 대상이 됐다. 세계보건기구(WHO)에 따르면, 8월 28일까지 전 세계적으로 신종 플루 환자가 20만 9000명을 넘어섰고 최소한 2천 명이 숨졌다고 한다. 이번 시간에는 인류를 위협하는 인플루엔자와 그에 맞서기 위한 대응책을 함께 살펴보기로 하자.

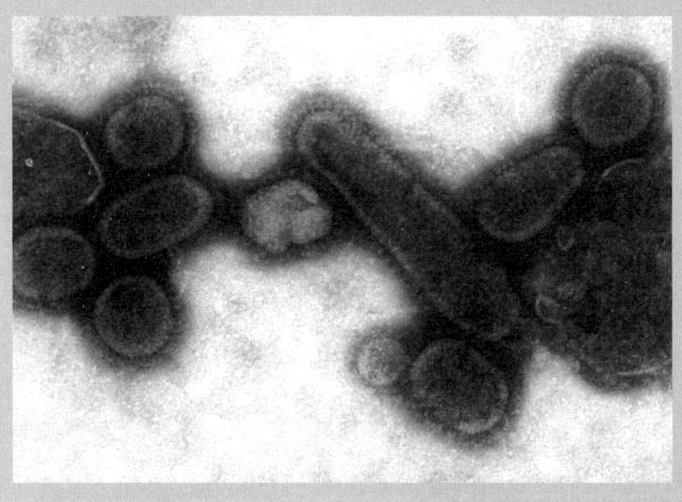

끝없는
바이러스의 위협

지난 30년 동안 지구상에 출현한 바이러스 전염병은 무려 30여 가지에 이른다. 비교적 최근에 발생한 바이러스 전염병을 살펴보자. 1992년, 미국 중남부 지방에서는 치사율 50%에 이르는 변종 한탄 바이러스(Hantaan virus)의 출현으로 수십 명이 목숨을 잃었다. 1995년에는 아프리카 콩고에서 치사율 90%에 이르는 에볼라 바이러스가 16년 만에 다시 등장해 100여 명이 넘는 목숨을 앗아 갔다. 에볼라 바이러스는 감염되면 일주일 이내에 10명 중 9명이 목숨을 잃을 정도로 치명적인 바이러스다. 1997년, 홍콩에서는 조류 인플루엔자(AI)에 전염된 6명이 사망에 이르렀다. 그 당시만 해도 조류 인플루엔자는 조류에게만 발생하는 병으로 알려져 있었다. 홍콩 독감은 조류 바이러스가 중간숙주(中間宿主)인 돼지를 거치지 않고 사람에게 직접 전염된 최초의 사례였다. 사실 인류가 가축을 키우기 시작한 이래, 바이러스는 종종 인간과 동물 사이를 오가며 인류의 면역력을 시험하곤 했다. 조류 인플루엔자는 인류가 대비해야 할 대재앙의 후보

가운데 하나다.

1999년, 아프리카 콩고에서는 200여 명이 정체불명의 바이러스에 감염된 지 2일 만에 온몸에 출혈 증세를 일으키며 사망하는 질병이 발생했다. 초기에는 에볼라 바이러스로 추정됐지만, 조사 결과 1967년 독일에서 처음 발견된 마르부르크 바이러스(Marburg virus)의 일종으로 판명됐다. 마르부르크 바이러스는 원래 40% 정도 치사율을 보이는 데 비해, 이 변종 바이러스는 100%의 사망률을 기록해 전 세계에 경악과 충격을 안겨 줬다. 2003년에는 변종 코로나 바이러스(corona virus)가 중국, 홍콩, 싱가포르, 캐나다 등에 전염성 폐렴을 몰고 오면서 800여 명의 사망자를 냈다. 이 변종 코로나 바이러스가 바로 사스[150]의 원인체다. 20세기의 가장 무서운 바이러스 전염병인 에이즈(후천성 면역 결핍증)는 1981년 미(美) 질병통제예방센터(CDC)에 의해 처음 보고된 이후, 지금까지 무려 2500만 명을 죽음으로 몰아넣었다. 이처럼 바이러스는 인류를 지속적으로 위협해 왔다.

바이러스는 세균처럼 아주 작은 미생물이지만, 여러 면에서 세균과는 완전히 다른 생명체다. 우선 바이러스는 세균과 달리 혼자서는 살아갈 수 없다. 바이러스가 가진 것은 오직 유전 정보를 담고 있는 핵산과 이를 둘러싼 단백질뿐이다. 따라서 바이러스는 자신의 생명을 유지시켜 줄 숙주 세포를 필요로 한다. 일단 숙주 세포 안으로

---

[150] SARS. 사스는 2001년 11월에 중국 광둥 성에서 첫 환자가 발생한 이후 홍콩, 싱가포르, 베트남 등 전 세계로 확산된 전염병이다.

들어간 바이러스는 세포를 먹이 삼아 순식간에 증식한 다음, 숙주 세포를 파괴해 버린다.

바이러스는 구조가 간단하기 때문에 재조합과 재배열을 통해 쉽게 변이(變異)하고, 그 결과 변종 바이러스가 생겨난다. 최근 전 세계적으로 급속히 퍼지고 있는 신종 인플루엔자(이하 '신종 플루') 바이러스도 변종 바이러스의 일종이다. 변종 바이러스는 지금까지 인류가 경험해 보지 못한 바이러스다. 당연히 인류는 변종 바이러스에 대해 아무런 면역 체계를 가지고 있지 않다. 그렇기 때문에 변종 바이러스는 인류에게 치명적일 수 있다. 그렇다면 신종 플루는 인류에게 얼마나 위협적일까? 또 바이러스의 공격에 대비해 우리는 어떤 준비를 해야 할까?

변종 인플루엔자 바이러스의 공포

인류를 위협하는 바이러스 중에는 독감을 유발하는 인플루엔자 바이러스가 있다. 흔히 알려진 것과는 달리, 독감은 감기와는 완전히 다른 질환이다. 감기는 20여 종의 바이러스가 약 200여 종의 변종을 만들어내서 생긴다. 반면에 독감은 인플루엔자 바이러스라는 단 한 종의 바이러스로 발생한다. 인플루엔자 바이러스는 감기 바이러스에 비해 구조도 복잡하고 독성도 훨씬 강하다. 또한 인체에 내성이 생겼다 해도 이에 맞서는 새로운 변종이 끊임없이 만들어진다. 그래서 세계보건기구(WHO)는 해마다 9월이면 독감 예방 접종을 위해 다음 해에 유행할 계절성 인플루엔자 바이러스를 예측해 발표한다.

최근에 공포를 주고 있는 신종 플루 바이러스는 지금까지 보고된 사례가 없는, 말 그대로 '신종'에 속한다. 이제까지 경험해 보지 못한 것이라서 면역 체계가 형성되어 있지 못하다. 따라서 면역력이 떨어지는 사람들에게 쉽게 감염될 수 있는 것이다. 겨울철마다 나타나는 독감(이를 흔히 '계절성 독감'이라고 부른다)의 전염력이 5~15%인 데

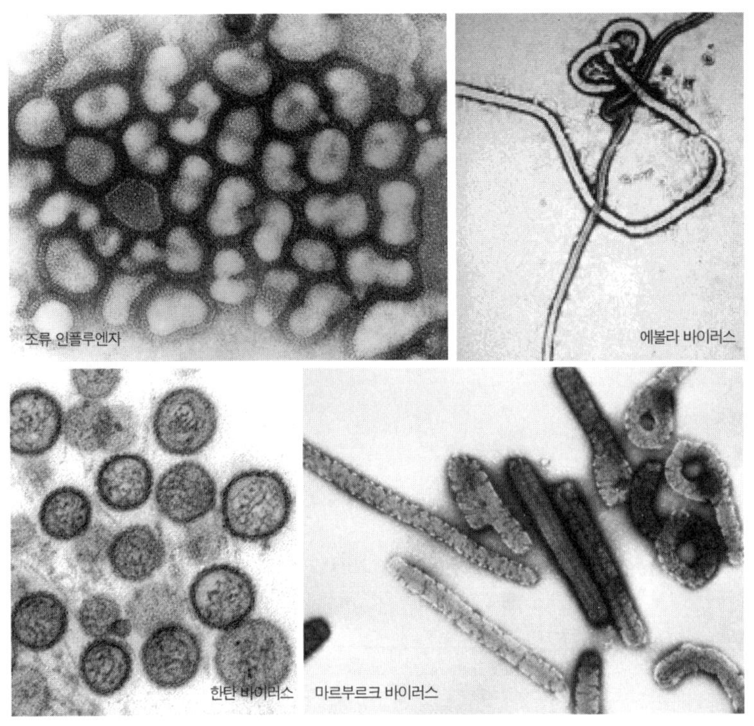

반해, 이번 신종 바이러스는 22~33%일 정도로 전염력이 상당히 높은 편이다. 계절 인플루엔자, 즉 일반 독감은 매년 세계 인구의 10% 정도를 감염시키지만, 치사율은 0.001% 정도로 매우 낮은 수준이다. 그나마 다행인 것은 신종 플루의 파괴력이 처음 예상했던 것보다 다소 낮은 것으로 판단된다는 점이다. 신종 플루로 인한 합병증이나 사망률은 일반적인 계절성 독감 수준보다 다소 높은 수준이다. 지금까지 영국의 사망률은 0.1~0.2%, 일본은 0.005%로 비교적 낮은 수준을 보여 주고 있다.

그렇다고 결코 안심할 수만은 없는 상황이다. 그 이유는 바이러스의 변이 가능성 때문이다. 앞에서 잠깐 설명했듯이, 바이러스는 유전자 변이의 속도가 매우 빠르다. 곧 변종 바이러스가 쉽게 출현할 수 있다. 인류가 한 번도 경험해 보지 못한 바이러스일수록 인류에게는 치명적인 위협이 될 수 있다. 무엇보다 우려되는 것은 신종 플루가 독감 유행철인 겨울에 강력한 변종 바이러스로 다시 나타날 가능성이다. 더 우려되는 것은, 이번에 나타난 신종 플루 바이러스가 치사율 60%를 넘는 조류 인플루엔자 바이러스가 결합해 전염성과 병원성이 더 강한 바이러스로 변이되는 것이다. 앞에서 잠깐 언급한 마르부르크 바이러스(Marburg virus)처럼 변이를 통해 더욱 강력해질 수 있다. 1967년 마르부르크 바이러스가 처음 발견됐을 때 치사율은 40% 정도였다. 그러나 32년 뒤인 1999년, 아프리카 콩고에 다시 나타난 변종 마르부르크 바이러스는 치사율이 무려 100%에 달했다.

위협적인 독감의 대유행

역사적으로 보더라도, 독감의 대유행은 우리가 아는 것보다 인류에게 훨씬 심각한 피해를 끼쳤다. 가장 최근의 일로는 1968년 홍콩 독감을 들 수 있다. 이 독감으로 인해 무려 백만 명이 목숨을 잃었다. 그전에는 1957년 아시아 독감이 유행했다. 이때는 무려 2백만 명이 사망했다. 독감의 대유행이 얼마나 위협적인지를 잘 보여주는 사례다. 이보다 더 끔찍한 피해도 있었다. 1918~1919년에 발생한 스페인 독감이 그것이다. 스페인 독감은 미국에서 처음 발생했는데, 얼마 지나지 않아 전 세계를 휩쓸었다. 스페인 독감으로 인한 사망자는 정확히 집계되지 않지만, 최소 2500만 명에서 최대 1억여 명의 목숨을 앗아간 것으로 추정하고 있다.(대체로 평균치인 5천만 명 정도로 추산한다.) 어쨌든 스페인 독감은 20세기에 발생한 모든 전염병을 합쳐도 모자랄 만큼 엄청난 사망자 수를 기록했다. 그 당시에는 엄청난 피해의 원인을 몰랐으나, 그로부터 약 1세기가 지난 뒤 인플루엔자 바이러스가 그 원인이었다는 사실이 밝혀졌다.[151]

이들 독감은 사람 인플루엔자에 의해 발생했지만, 조류 인플루엔자 바이러스에서 넘어온 것으로 분석된다. 조류 인플루엔자 바이러스가 독감 바이러스와 결합해 치명적인 변종 바이러스로 바뀌었다는 것이다. 여기에서 한 가지 주목할 만한 것은 이들 바이러스가 돼지 체내에서 조류와 사람의 바이러스 유전자가 재결합돼 탄생한 신종 바이러스였다는 점이다. 돼지는 사람, 조류, 돼지에게서 나온 인플루엔자 바이러스에 감염될 가능성이 매우 높다. 조류 인플루엔자와 일반 독감 바이러스가 모두 결합할 수 있는 기관지 구조를 돼지가 가지고 있기 때문이다. 게다가 돼지는 서로 유래가 다른 여러 인플루엔자 바이러스들이 유전자 재편성을 거쳐 신종 바이러스로 재탄생하는 '혼합 용기'(mixing vessel) 역할을 하기도 쉽다. 그 결과 돼지와 조류, 사람의 인플루엔자 바이러스가 함께 돼지 기관지에 들어가 유전자가 혼합되면 변종 바이러스가 만들어진다.

그런데 1997년 홍콩에서 발생한 H5N1 조류 인플루엔자가 돼지 같은 중간 숙주를 거치지 않고 직접 사람에게 감염되면서 인류는 새로운 상황을 맞게 됐다. 이는 조류 독감 바이러스가 돼지와 같은 중간 숙주를 거치지 않고 사람에게 전염된 최초의 사례다. 다만 조류 인플루엔자는 아직까지 사람 간 감염이라는 마지막 관문을 뚫지 못했다. 다시 말해 1997년 조류 인플루엔자가 처음 발생한 이래 조류

---

151 2003년 이후 전 세계적으로 조류 인플루엔자 바이러스인 H5N1에 감염된 사람은 272명이며, 그중 166명이 사망했다.

1918년 스페인독감의 영향으로 시애틀
에서 마스크를 쓰지 않은 사람은 아예 전
차 탑승이 거부되었다.

242

에서 사람으로 직접 옮겨간 경우는 있어 왔지만, 아직 바이러스가 사람에게서 사람으로 옮겨 간 경우는 없다. 만약 앞으로 종간 장벽을 넘어 '인간 대 인간' 감염이 현실화된다면, 그 과정에서 병원체는 에이즈(AIDS)나 광우병처럼 강력한 인체 병독성(病毒性)을 획득할 것으로 보인다. 이에 따라 세계보건기구는 지난 10여 년간 조류 인플루엔자 쪽에 초점을 맞춰 대유행에 대비하기 위한 백신 개발에 박차를 가해 왔다.

두 종의 바이러스가 서로 결합해 유전자를 섞을 경우, 동물에만 있던 바이러스가 인간이 한 번도 접해 보지 못한 맹독성 바이러스로 둔갑해 인류에게 치명적인 위협을 가할지도 모른다. 조류 인플루엔자가 변이를 일으켜 팬데믹(Pandemic)[152]이 오면 전 세계 인구의 무려 5% 이상이 목숨을 잃게 될 거라는 통계도 있다.[153] 세계 보건 전

---

152 전염병이 전 세계적으로 대유행하는 것을 팬데믹이라 부른다. 이 말은 그리스어에서 유래했는데, pan(모두)+demic(사람)의 합성어다. 어원에서 알 수 있듯이 전염병이 모든 사람에게로 유행한다는 뜻이다. 세계보건기구는 인플루엔자 대유행 단계를 6단계로 규정하고 있다. 3단계는 바이러스가 가축 또는 야생 동물에 소규모 감염을 일으켰으나 사람 간 감염이 없는 단계이고, 4단계는 사람 간 감염을 일으키는 바이러스가 확인된 단계이며, 5단계는 두 개 이상 국가에서 유행이 발생한 단계이다. 마지막 6단계가 바로 대유행 단계인 팬데믹이다.

153 1998년, 미국 질병통제예방센터(CDC) 산하 미군병리학연구소의 연구원인 제프리 토벤버거 박사는 60년간 스페인 독감을 연구한 요한 훌틴 박사로부터 스페인 독감 바이러스를 확보한다. 훌틴은 알래스카 동토(凍土)에 묻혀 있던 에스키모 여인의 허파 조직을 떼어내 토벤버거에게 건넸다. 토벤버거는 얼어 있던 바이러스에서 스페인 독감 바이러스의 8개 유전자 배열을 재구성해냈다. 이 소식을 접한 미국 국무부는 바이러스 연구의 권위자인 뉴욕 마운트시나이 대학 의대 피터 팔레스 박사팀과 질병통제예방센터의 연구진을 총동원해 이 바이러스의 정체를 밝히는 데 총력을 기울였다. 2005년 10월에야 밝혀진 연구 결과는 충격적이었다. 스페인 독감 바이러스가 닭과 인간을 함께 죽이는 인수(人獸) 공통 전염 바이러스이며, 현재 위협이 되고 있는 조류 독감 바이러스와 모든 특성이 유사하다는 사실이 드러났다. 87년 만에 살아난 스페인 독감 바이러스는 4일 만에 3만 9000배로 늘어나 실험쥐들을 몰살하는 괴력을 발휘했다.

문가들이 조류 인플루엔자 바이러스가 인간 독감 바이러스와 결합할 경우 최악의 상황으로 치달을지 모른다고 경고하는 것도 바이러스의 변이가 가져올 엄청난 파괴력 때문이다. 조류 인플루엔자의 치사율은 무려 60%에 이른다.

오래 전부터 국내외 감염 전문가들은 2008~2010년을 팬데믹의 도래 시기로 내다보았다. 그 이유는 팬데믹의 10/40년 주기설 때문이다. 역사적으로 인플루엔자 대유행은 독감이 유럽 전역을 휩쓴 1580년까지 거슬러 올라간다. 그때부터 1900년까지 총 28회의 인플루엔자 대유행 기록이 남아 있다. 1900년 이후부터 현재까지는 1918년 스페인독감, 1957년 아시아 독감, 그리고 1968년 홍콩 독감 등 최소 3번의 팬데믹이 있었다. 따라서 1918년으로부터 40년 후인 1957년과 중간기 10년 후인 1968년을 거쳐 2008년이 정확하게 40년이 되는 해다. 그런데 이런 예상이 현실화될 듯하다. 지난 6월 11일, 세계보건기구가 전 세계로 확산된 신종 플루에 대한 경보를 '팬데믹'을 의미하는 6단계로 격상했기 때문이다.

1997년 홍콩에서 조류 독감이 사람에게 직접 전염된 뒤, 이런 현상이 동남아시아와 중동, 유럽, 아프리카로 확대되고 환자와 사망자가 지속적으로 발생하고 있어 또 다른 팬데믹이 우려되기도 한다. 2006년에는 인도네시아에서 형제가 모두 조류 인플루엔자에 감염돼 '인간 대 인간' 감염 의혹이 불거지기도 했다. 이는 조류 인플루엔자의 전파력이 아직까지 폭발적이지는 않지만, 유전자형이 인간 전염병으로 이전했을 가능성을 보여 준다. 이를 '프리 팬데믹'(팬데믹 이전

단계)이라 하는데, 가족 간의 전염은 곧 대변이가 멀지 않았음을 경고하는 것으로 볼 수 있다. 이 같은 우려 때문에 몇 년 전부터 각국 정부는 팬데믹에 대비해 왔다.

그렇다면 우리는 지금과 같은 신종 플루 대유형에 어떻게 대처하고, 지금보다 병독성과 전염성이 더욱 강한 인플루엔자 대유형에는 어떻게 대비해야 할까?

어떻게
대비할 것인가?

스페인 독감 대유행의 경우, 봄철에 발생한 첫 번째 유행파(1파)는 비교적 약하게 시작됐지만 늦가을과 겨울에 다시 발생한 두 번째, 세 번째 유행파는 매우 강력했다. 이번 신종 플루 바이러스의 경우에도 늦가을과 겨울에 다시 나타날 유행파가 큰 우려를 낳고 있다. 새롭게 발생한 신종 플루 같은 경우에는 갑자기 나타난 것이기 때문에 백신 자체가 없었고, 백신 개발과 생산에 최소 6개월 정도가 소요됐다. 현재 백신은 순조롭게 개발, 생산된 상태지만 두 번째 유행파 이전에 대량 접종이 가능할지는 미지수다.

지금까지 세계적으로 대유행한 인플루엔자는 비슷한 패턴을 보였다. 대부분 봄철에 발생해 계절성 인플루엔자보다 훨씬 낮은 치사율을 보이며 일단 사라졌다가, 이후 변이를 일으켜 그해 겨울에 더욱 강력해진 모습으로 되돌아왔다. 봄과 겨울 사이에 변이를 일으킨 인플루엔자는 무서운 독성과 전염력을 얻게 된다. 스페인 독감, 아시아 독감, 홍콩 독감이 모두 이러한 양상을 보였다. 물론 스페인 독감이 유행했던 1918~1919년과 비교해서 백신과 치료제(항바이러스제)[154]의 개발, 의료 수준, 위생 수준, 공중 보건 대응 수준 등이 크게 향상됐다는 점을 고려하면, 예전보다 피해는 더 적을 것으로 예상된다. 그러나 비관적인 전망도 가능하다. 항공기를 이용한 여행의 보편화로 국가 간 전파 가능성이 과거보다 크게 높아졌고, 대부분의 인구가 도시 주변에 밀집해 있어 감염 확산이 쉬워졌다. 또한 상대적으로 감염에 취약한 노인층과 만성 질환자의 비율도 높아졌다. 또한 치료제인 항바이러스제도 환자가 순식간에 급증했을 때를 대비해 물량을 충분히 확보해 두지 않으면 '그림의 떡'에 불과하다.

결국 인류에게 치명적인 독감 바이러스가 출현했을 때, 우리가 할 수 있는 최선의 방법은 예방과 철저한 방역, 신속한 초기 대응뿐이다. 바이러스는 대부분 접촉을 통해서 감염된다. 개인위생을 철저히 하고, 바깥출입을 할 때 마스크를 착용하도록 한다. 독감이 대유행할 조짐을 보이면 사람이 많은 곳은 가급적 피하는 게 좋다. 보건 당국 역시 빠른 시간 안에 감염 환자를 확진할 수 있도록 최선을 다해야 한다. 증상 발생 후 48시간 이내가 인플루엔자에 대한 항바이러스제의 효과가 가장 좋기 때문이다. 진단이 빠를수록 효과적으로 치료할 수 있는 것이다. 또한, 보건 당국은 환자 격리 조치를 통해 바이러스의 확산을 조기에 차단해야 한다. 이를 위해서는 격리 병동 시설의

---

[154] 5%보다는 다소 적지만, 의학 전문 학술지 랜싯(Lancet)에 게재된 하버드대 연구팀의 연구 논문은, "독감 바이러스가 세계적으로 유행할 경우 최소 5001만 명에서 최대 8100만 명이 사망할 것이라는 예측 결과"를 제시하기도 했다.

학원에서도 학생들이 마스크를
쓰고 공부하고 있다.

확충이 뒤따라야 한다. 마지막으로, 감염 환자를 확진한 뒤에는 역학 (疫學) 조사[155]를 통해 감염 환자가 어떤 경로를 통해 감염됐고 또 어떤 접촉을 통해 타인에게 감염시킬 가능성이 있는지 철저히 조사해 바이러스의 확산을 초기에 막아야 한다.

그뿐만 아니라 백신과 치료제인 항바이러스제를 미리 확보해 두는 일 역시 매우 중요하다. 올해 초까지만 하더라도 우리나라는 항바이러스제를 국민의 5%에 해당하는 250만 명분을 확보하고 있는 실정이었다. 이는 선진국과 비교하면 대단히 미미한 수준에 불과했다. 미국은 전 국민의 50%, 영국은 30%, 일본은 25%에 해당하는 분량을 확보해 놓았기 때문이다.

그런 형편이었던 정부가 부랴부랴 항바이러스제 확보에 나서게 됐다. 현재 정부가 비축하고 있는 항바이러스제는 타미플루 199만 명분, 리렌자 48만 명분 등 모두 247만 명분이다. 그나마 다행인 것은 정부가 오는 12월까지 300만 명분을 추가로 확보해 재고량을 늘리겠다는 방침을 세웠다는 점이다. 타미플루 331만 명분, 리렌자 200만 명분 등 531만 명분으로 확대한다는 방침이다.

백신도 마찬가지다. 선진국들은 국민 1인당 2회분의 백신을 준비 중이거나 고(高)위험군[156]에 접종 가능한 분량을 확보하고 있다. 캐나다·그리스·이스라엘·네덜란드 등은 전체 인구가 두 번씩 접

---

155 바이러스를 병원체로 하는 질병에 유효한 약제. 현재 신종 플루 치료제로는 타미플루(tamiflu)와 리렌자(relenza)가 사용되고 있다.
156 전염병의 발생 원인과 전염 경로, 변동 상태 등을 조사하는 일

종할 수 있는 분량을, 미국·영
국·독일·프랑스 등은 인구의
30~78%에 해당하는 분량을 각
각 주문해 놓았다고 한다. 그러나
우리의 백신 상황은 여기에 훨씬

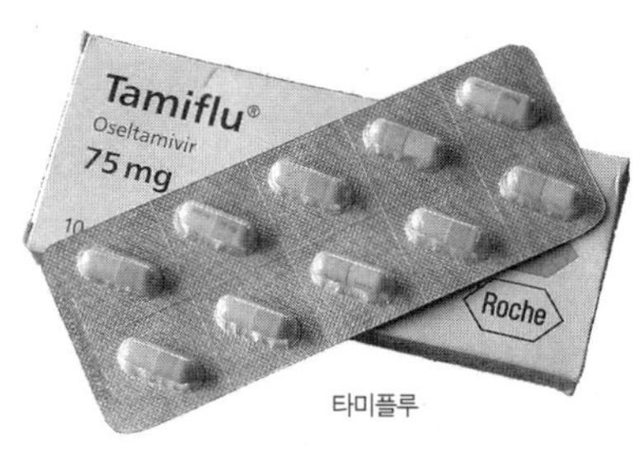

타미플루

미치지 못했다. 항바이러스제와 마찬가지로 정부는 뒤늦게 백신 확
보에 팔을 걷어붙였다.

　그나마 다행인 것은 녹십자가 11월부터 백신을 공급할 예정이
라는 점이다. 다만 문제는 녹십자의 올해 공급량이 700만 도즈(dose,
1회 접종 분량) 정도에 불과하다는 데 있다. 신종 플루 백신을 2번 맞아
야 효과가 있다고 알려진 점을 감안하면, 350만 명 분량만 확보된 것
이다. 정부의 백신 접종 목표인 1366만 명(인구의 27%)에 크게 못 미
친다. 1번만 맞아도 효능이 있다고 확인된다 해도 666만 명의 접종
이 불가능하다.[157] 이런 접종 불능 사태를 막기 위해 우리 정부는 외
국 제약사인 GSK(글락소스미스클라인)의 힘을 빌리기로 했다. 당초 내
년에 수입하려던 GSK 백신 300만 도즈를 올해 안에 들여오기로 한
것이다.

　예전부터 감염 전문가들은 인류를 큰 재앙으로 몰아갈 수 있는
팬데믹이 반드시 올 것이라 예상했다. 다만 시기의 문제일 뿐이라고
전망했다. 일반적으로 인플루엔자 대유행 기준으로 삼는 환자 발생
규모는 인구 1000명당 2.6명이다. 아직 국내 신종 플루 환자 수는 인
구 1000명당 2명을 넘지 않은 상태라 대유행 기준에 들지는 않는다.

하지만 감염 확산 추세를 보면 대유행이 닥칠 날이 멀지 않았다. 서서히 현실로 다가오는 최악의 상황에 계속 주의를 기울이면서 철저히 대비해야 한다. 신종 플루가 잡힌 이후에도 안심할 게 아니라 조류 독감과 같은 또 다른 위험에 대비해야 한다.

---

157 위험이 높은 사람들의 집단. 여기에는 천식 등 만성 호흡기 환자, 만성 신부전 환자, 당뇨병 환자, 65세 이상의 고령, 임신부, 생후 6~23개월 소아 등이 포함된다.

하룻밤에 정리하는 한국사회의 14가지 쟁점

뚝딱 교양상식

초판 1쇄 발행 2009년 12월 5일
초판 3쇄 발행 2011년 1월 12일

지은이 오승현
펴낸이 김선식
펴낸곳 (주)다산북스
출판등록 2005년 12월 23일 제313-2005-00277호

PD 이선아
3분사 이선아, 박은정, 홍다휘, 정지영
마케팅본부 모계영, 이주화, 김하늘, 박고운, 권두리, 신문수
콘텐츠저작권팀 이정순, 김미영
커뮤니케이션팀 서선행, 하미연, 박혜원, 김선준
디자인연구소 최부돈, 황정민, 김태수, 조혜상, 김경민
경영지원팀 김성자, 김미현, 유진희, 김유미, 정연주
외부스태프 사진제공 연합뉴스

주소 서울시 마포구 서교동 395-27
전화 02-702-1724(기획편집) 02-703-1723(마케팅) 02-704-1724(경영지원)
팩스 02-703-2219
이메일 dasanbooks@hanmail.net
홈페이지 www.dasanbooks.com

필름 출력 스크린그래픽센타
종이 월드페이퍼(주)
인쇄 · 제본 영신사

ISBN 978-89-6370-081-6   03300